作 者 简 介

黄振中，男，1968年出生，广东省河源市人，现任职于中共广东省河源市委政策研究室，长期研究政策理论和从事文稿起草工作。

作者在天坛九龙柏前。

2006年11月8日,作者与南方日报记者到广东省河源市源城区太平古街采访。图为南方日报记者拍摄。

黄振中 著

新华出版社

图书在版编目（CIP）数据

在路上 / 黄振中著. -- 北京：新华出版社，2018.10
ISBN 978-7-5166-4357-0（2025.3重印）

Ⅰ.①在… Ⅱ.①黄… Ⅲ.①社会科学－文集 Ⅳ.①C53

中国版本图书馆CIP数据核字(2018)第243002号

在路上

作　　者：黄振中	
责任编辑：徐文贤	封面设计：臻美书装
封面题字：纪　东	

出版发行：新华出版社
地　　址：北京石景山区京原路8号　　邮　　编：100040
网　　址：http://www.xinhuapub.com
经　　销：新华书店、新华山版社天猫旗舰店、京东旗舰店及各大网店
购书热线：010－63077122　　中国新闻书店购书热线：010－63072012
照　　排：臻美书装
印　　刷：大厂回族自治县众邦印务有限公司
成品尺寸：170mm×240mm　　彩　　插：2页
印　　张：16　　字　　数：240千字
版　　次：2018年12月第一版　　印　　次：2025年3月第二次印刷
书　　号：ISBN 978-7-5166-4357-0
定　　价：69.00元

版权专有，侵权必究。如有质量问题，请与出版社联系调换：010-63077101

序

思想和身体总有一个要在路上。思想在路上，奇思妙想就可能发生；身体在路上，奇思妙想就会变为现实，就可能创造奇迹。一个人只要有一样东西在路上，生活就会变得充实和美好。怕的是，两个都不在路上，而是在家里，在沙发上，在睡梦中。

有了远方，便会只顾风雨兼程。既然选择了在路上，就有了清晰的远方，道路再曲折，毅然坚定前行，遇上道路泥泞、风霜雪雨、雷电交加，就算跌倒也会很快站立起来，因为目标就在前方。近代以来，中国的仁人志士为实现国家的独立和富强，不懈追求，历经艰辛，终于探索出一条民族复兴之路，为探一条路出来，做出了巨大的努力和牺牲。现在，他们种下的树已经茁壮成长，再也不用慨叹"中华之大容不下一张书桌"。在宁静的书桌旁，大家努力地书写人生的传奇与精彩。直到有一天，发现原来自己写过的东西可以整理出来，就像是路上的驿站，困了累了歇歇脚，回望走过的路，有可以撷取记忆的地方，于是就有了将发表过的文章汇编成书的愿望。

在路上，要善待他人，也要善待自己。善待他人，可以让人生走得更远；善待自己，可以让生命过得滋润。达则兼济天下，穷则独善其身，顺境时善待他人，逆境时善待自己。无论善待谁，都是温暖在流转，都是爱在延宕。由于长期急于赶路，赶路的理由很多，工作上的、生活上的、学习上的、交际上的、家里的、家外的，不一而足，年纪轻时，多数是慑于生活上的困顿，年纪长了点，多数是耽于逸乐，只要手有余粮，便会得过且过，多年以来，穿越岁月的时空，经历了许多的人和事，于是乎变得慵懒起来，模糊起来，有了岁月的痕迹，想结集一本书的愿望，累累落空。时空陡转，遂坚定了信心，将愿望变为行动。

长期以来自己从事文稿工作，本书主要以散篇集结的形式组稿，将零散的已经发表于党报及各类报纸杂志上的部分文章组合起来，加以分类整理而成，书中收集的文章主要是各个时期的文学作品、评论、调研报告等，在出版之际，为了更加精致，对个别文稿重新进行了校定。在路上，总会遇到许许多多好人，他们的热情帮助，他们的鞭策，总让人经久感动，难以释怀，借此书致以衷心的感谢！

仁者见仁，智者见智，书中的观点，只要有一点可取之处，给你启迪，给你力量，给你定力，你看到此书，就足矣。由于是在路上，长期低着头拉车，脚步未免凌乱，方向难免会偏，期望通过此书，以文会友，得到高人指点，贵人帮助，听到良言诤语，校正航向。

黄振中

2018年3月2日

目 录
CONTENTS

序 ………………………………………………………………… 1

弘扬正气篇

人勤春来早 …………………………………………………… 3
让贫困农户有尊严地接受帮扶 ……………………………… 5
八小时之外的监督重在惩防并举 …………………………… 7
第一书记驻村是政治任务 …………………………………… 9
家风建设事关重大 …………………………………………… 11
切实管好党内政治生活 ……………………………………… 13
营造不想腐的舆论氛围 ……………………………………… 14
用微信建立党员联系群是个好办法 ………………………… 16
又到春节自律时 ……………………………………………… 18
政治生态是发展的保障 ……………………………………… 20
只要一心为公，瓜田李下亦敢于做事 ……………………… 22

时评采撷篇

大项目还须大力气优环境用政策 ··········· 27
大学生村干部在农村有广阔天地 ··········· 29
借政策东风助河源发力快跑 ··············· 31
精准扶贫是脱贫利器 ····················· 34
亲职教育魅力无限 ······················· 36
权责清单比太阳还要有光辉 ··············· 38
让利于民，高铁才能叫好又叫座 ··········· 40
"三偷"监管力度仍需加强 ················ 42
森林防火无小事 ························· 44
"舌尖上的安全"事关人民福祉 ············ 46
诉讼不是化解矛盾纠纷的唯一办法 ········· 48
用"互联网+"把"河源制造"送达全球 ····· 50
助力脱贫，河源乡贤大有可为 ············· 52
走群众路线就是要带着感情为群众服务 ····· 54

建言献策篇

对我市实现农业产业化问题的思考 ········· 59
关于规范建设我市农业龙头企业的建议 ····· 64
关于加快全市水利发展的探讨 ············· 69
关于我市省属两大水库移民问题的调研报告 · 78
河源市校企合作的情况研究 ··············· 90
加强我市村级组织建设的思考 ············· 99
建立和完善我市选、用人机制的探讨 ······· 110
推动河源市农村综合改革的意见与建议 ····· 118

全面提升村民自治水平的对策 ································ 126
土地流转机制的探讨 ···································· 131
我市贫困地区脱贫致富情况的调查与思考 ···················· 134
我市青年创业情况的调研与思考 ···························· 142

热点探索篇

创意是发展生态旅游的生命 ································ 151
当前开展我市社会建设着力点的思考 ························ 154
发展生态经济是建设幸福河源的基础 ························ 158
河源走生态文明发展之路面临的问题和对策 ·················· 161
推动我市经济转型崛起 ···································· 164
在深莞惠 3+2 经济圈子里面好发展 ························ 169
掌握重点　突破难点——村级换届选举工作的探讨 ············ 172

人大论文篇

坚持与时俱进　增强代表履职的生机与活力 ·················· 177
人大代表在全面推进依法治国中作用的研究 ·················· 183
关于人大讨论决定重大事项制度的思考 ······················ 189
提高建议的质量与水平　充分发挥人大代表的主体作用 ········ 195

征文集锦篇

从"肉食者鄙，未能远谋"说起 ···························· 203
高山顺风耳 ·· 205
乌云遮不住太阳 ·· 207

误收假币后的感悟……………………………………………… 210

巡警的行动让我改变看法……………………………………… 212

舆论的力量……………………………………………………… 214

道义文章传递正能量…………………………………………… 216

重点时间篇

重点在哪里，时间就在哪里…………………………………… 221

人间好时节……………………………………………………… 223

假如明天下雨…………………………………………………… 225

忆"楚汉争霸"………………………………………………… 227

劈波斩浪划龙舟——一位运动员的训练体验………………… 229

美丽乡村篇

山间小屋………………………………………………………… 233

"干部回乡工程"出成效……………………………………… 237

赴三县圩镇集市的宁山人……………………………………… 239

怀念我的后祖母………………………………………………… 241

龙　潭…………………………………………………………… 243

编后记…………………………………………………………… 245

弘扬正气篇

| 在路上 |
ZAILUSHANG

人勤春来早

为严防慵懒散漫、不在状态等"节后病"发生,市纪委监察局采取不打招呼、随机抽取、实地检查的方式组织检查各单位节后上班情况。这次动真格的检查,就是要以最快速度让公务人员进入工作状态,为我市经济社会快速发展营造浓厚的氛围。这次动真格的检查,将产生不可估量的社会影响,对密切党群政群关系起到了重要的作用。

一勤天下无难事。从古至今,成就伟业者,都以勤奋为座右铭。"没有加倍的勤奋,就既没有才能,也没有天才""天才出于勤奋"。"所谓天才人物指的就是具有毅力的人、勤奋的人、入迷的人和忘我的人"。公务人员必须既廉政又勤政。廉而不勤,性质就与贪污一样。"暗昧不明,优柔不断,知不足以剔弊,力不足以惩奸,彼虽不贪,有过知之吸民膏者,与其贪酷无异。"当前我市正处于爬坡上坎、跨越发展的新阶段,还存在很多困难,市第七次党代会提出,一些地方和单位管党治党不力,一些基层党组织软弱涣散,个别党员、干部理想信念滑坡、宗旨意识不强、作风不够扎实,违纪违法行为时有发生,行政体制改革亟须深化,政务服务水平和效率有待提升等,解决这些困难和问题,需要我们努力奋斗,解决的办法有很多,最重要的一条就是靠勤。

从全省来看,我市处于不进则退、小进也是退的境地,改变落后面貌需要全市人民树立"敢教日月换新天"的雄心壮志,发奋图强是改变河源落后面貌的根本保证。有的同志会说,春节刚过完,用不着那么正经。其实,春节过年,对于老百姓来说,既是万家团聚,又是一年之计在于春。他们在外务工经商,长期在外奔忙,难得回家一次,要办的事情很多,一些需要政府部门办理的事情,想趁着节日上班后赶快办理好，当他们带着节日的兴奋到职能部门办理业务的时候，遇到党政部门懒散的局面，老百姓会怎么想？我们接受的教育是为人民服务，换位思考时就会觉得不是懒一点无所谓，散一点无所谓了。因为你不在岗，老百姓就可能买好的车票要退，迟上班会被工厂罚款，约定的生意就可能泡汤。

　　没有规矩不成方圆。节后上班就是上班，这是纪律，希望抓节后上班纪律成为常态，一如既往，抓出成效，抓出习惯，让勤政爱民成为风尚，打造河源发展一流的政务环境。

（本文刊载于万绿清风网2017年2月15日）

让贫困农户有尊严地接受帮扶

正所谓幸福的家庭都是一样的,不幸的家庭千差万别。贫困原因如缺劳力、因病致贫、小孩读书、上有老下有小、生产生活条件恶劣、自然灾害、投资失败……不一而足,不胜枚举。面对纷繁复杂产生贫困的原因,就要针对具体贫困的情况分门别类,采取不同的扶贫措施,不能只想到给了钱扶贫任务就算大功告成了。如果只有给钱这一种方式来应对不同的情况,扶贫产生的效果就可能达不到预期的目的。给钱帮扶还不行吗?给钱的时候,对发展有门路却缺乏启动资金的贫困户来说,是久旱逢甘霖,他乡遇故知,就会产生帮扶效益,从而走上致富奔康之路,但遇上好赌博、好饮酒等不良习性的农户,你给的这点钱,说不定你还没有回到家门口,钱就被拿去赌完了。甚至人家还会抱怨,如果你没给他钱,他怎会输得那么惨,害得他连原来的老本都输进去了,可见光给钱并不是唯一的办法。

贫困户致贫的原因如此地复杂,而我们帮扶的资金又很珍贵,如果不针对具体的贫困"特户"特办,说不定会惹上麻烦。有一个驻村工作队,不怕山遥路远,带着爱心,掏出自己也舍不得用的工资,满怀感情将钱送给挂钩贫困户的时候,人家嫌少发起了牢骚,贫困户心里可能会想你给的这点钱算帮扶吗?说不定上级给你一千,你才给八百,中间打了折扣,这位干部碰上了钉子。他想不明白,贫困户不说感谢的话也就算了,怎么还计较起钱多钱少来了?更令这位干部意想不到的是,以后贫困户每见到扶贫干部就主动问带钱来没有?当干部说,我们扶贫不是光给钱的,还要扶志。贫困户就大大咧咧地说,志早就有了,就是没钱,有钱就有志,他的话让下乡扶贫的干部哭笑不得。此时,干部与贫困户两厢都不满意,这就是没有充分沟通造成的。有一句话说得好,"沟通从心开始"。扶贫也应从与贫困户沟通开始,让贫困户感觉到,干部下乡与当年的红军进村一样,都是自家人,都是真心实意帮咱老百姓服务的人。当你掏出钱扶持的时候,人家就会明白,那是干部从工资里节俭出来的钱,不是公家的例钱,贫困户顿然心生敬意,心里感到暖融融的,别说给一千八百,就是你不给钱,与他在一起商量,贫困户都充满了希望,都会将扶贫干部当成致富路上的贴心人。贫困家庭本来就很穷,正所谓人穷志不短。农村常说穷要穷得有志气,人穷的时候,对需要保存的面子期望值就越高,生怕外人笑话看不起。当然也不排除撕破脸面争利益,争得死去活来的个例。因此,干部下乡扶贫说话做事,人家就会掂量着有没有小看他,他们容不得不带感情的帮扶,如果趾高气扬,带着施舍的神气,贫困户就讨厌"嗟来之食",时时处处与你不配合,给你出难题,让你出洋相。

　　方法不当,帮扶无从谈起,也会越帮误会越深。让贫困农户有尊严地接受帮扶,实在是一门学问、一门功课。只有让贫困农户自尊心受到极大尊重,才能让扶贫工作帮得上、扶得起。

(本文刊载于《河源论坛》2015年第4期)

八小时之外的监督重在惩防并举

"锦州那个地方出苹果,辽西战役的时候,正是秋天,老百姓家里很多苹果,我们战士一个都不去拿。我看了那个消息很感动。在这个问题上,战士们自觉地认为:不吃是很高尚的,而吃了是很卑鄙的,因为这是人民的苹果。我们的纪律就建筑在这个自觉性上边。这是我们党的领导和教育的结果。人是要有一点精神的,无产阶级的革命精神就是由这里头出来的。"上面一段话不是在为锦州苹果做广告,而是当年毛泽东在八届二中全会上的讲话。据后来原四纵十二师34团团长焦玉山回忆,在坚守塔山堡的时候,战士们坐在果实累累的苹果树下休息,虽然又饥又渴,但却无一人去摘。为什么在又饥又渴的情况下,却无一人去摘苹果吃?这就是教育的力量,这就是精神的力量。这个故事为加强党员领导干部"八小时以外"监督提供了鲜活的借鉴,那就是加强党员领导干部八小时之外的监督,功夫要用在八小时之内,抓好了党员领导干部八小时以内的思想教育,提高思想境界,净化八小时之外的社交圈、生活圈、休闲圈,八小时之外的活动就让组织放心,让人民满意。

从近几年披露的领导干部违法违纪案件来看,领导干部出问题、犯错误,都与工作时间内行使权力有关系,时间诱因大都在八小时之外。当前,一些党员领导干部对"八小时以外"的活动认识不够到位,总认为八小时外的活动是自己的个人生活空间,离开了单位,离开了组织和同事的监督,少数对自己要求不严者,行为不检点,行为失范,忘记了自己是党员干部的身份,有的去了不该去的地方,有的干了不该干的事,一些别有用心的人正好抓住领导干部八小时之外的休闲时机,长期进行感情投资,设置"围猎圈",让党员领导干部中招落马。

加强党员领导干部"八小时以外"活动的监督，就是要让公权更好地服务人民群众，让公权回归本质属性，防止公权被滥用。一要筑牢思想防线。思想防线一旦动摇，八小时以内没有教育好，没有牢固树立防微杜渐的防线，八小时之外监督就成为问题。培养一个干部不容易，培养一个党员领导干部更不容易。让党员领导干部明白，走到今天的位置要倍加珍惜。权力来源于人民，服务于人民。水可载舟，也可覆舟。时刻牢记入党的誓词，以党员的标准从严要求，做到上班下班一个样，人前人后一个样，心胸坦荡，心怀人民，让自律成为行动的自觉。二要创新监督手段。要以查酒驾的精神，检查八项规定贯彻落实的举措，做好党员领导干部八小时以外的监督。在重要的时间节点，做到领导干部权力行使到哪里，领导活动延伸到哪里，党组织的监督就实行到哪里。要增加监督力量，配足配强监督人员，对权力运行事前、事中、事后情况开展全程监督。三要着力强化监督的震慑作用。靠惩处震慑，提高领导干部八小时以外违纪成本。通过新闻媒体实行监督，对党员领导干部八小时以外违规违法行为进行曝光，及时准确地向公众公布监督举报的调查处理结果。发现的各种问题坚决严肃查处，警钟长鸣，使党员领导干部八小时之外不敢腐、不能腐，违纪必然受到监督与惩罚。

(本文刊载于南粤清风网 2016 年 6 月 27 日)

第一书记驻村是政治任务

近日通报批评了几个违反规定的扶贫驻村第一书记，对查实不能胜任的第一书记实行召回。此举表明了上级对脱贫致富工作的重视和不含糊，传递了通过精准扶贫，确保到2020年贫困人口全部脱贫的决心与信心。贫穷不是社会主义，社会主义要消灭贫穷。在中国共产党成立一百年时全面建成小康社会，这是中国梦的宏伟目标。三年脱贫攻坚战是河源的头等大事，要不折不扣落实好、完成好。为实现我市贫困人口如期脱贫，在市直机关单位中选派能征善战的业务骨干担任村第一书记，既是对扶贫攻坚战的高度重视，又是当前的一项政治任务。

在村担任第一书记，肩上担子重。为加大扶贫力度，今年5月，我市派驻了238名正科级党员干部进驻贫困村，在贫困村担任为期3年的第一书记。自2009年我市开展扶贫开发"双到"工作以来，经过6年的扶贫攻坚，全市贫困地区的基础设施得到不断完善，产业发展得到不断进步，扶贫机制得到不断健全，贫困人口不断减少。贫困人口累计减少38.56万人，但按照省现行标准，仍有农村贫困户4.39万户、贫困人口12.13万人。

第一书记驻村之后，绝大多数的干部一心扑在工作上，与村"两委"商量脱贫致富的良策，走村进户，与贫困村民促膝谈心，想办法、出主意，在短期内就找到了摆脱贫困的好项目、好方法，各项帮扶措施渐次展开，帮扶效果不断显现。再好的草地也有瘦牛，在轰轰烈烈的帮扶工作中，也有一小部分驻村第一书记对驻村工作重视程度不够，甚至产生一些不良的念头，总认为帮扶时间到了，任务也会结束，干好干坏一个样。有的单位工作确实比较忙，没有完全理解全脱产的真实含义，个别干部认为在单位工作也是工作，于是就出现了村第一书记脱村离岗、自由散漫等不良现象。

驻村担任第一书记是光荣的使命。在村担任第一书记，是中央农村工作会议、全国组织部长会议确定的一项重要部署，是贯彻落实"四个全面"、开展"三严三实"专题教育和培养锻炼干部的有效途径。村第一书记要时刻牢记使命，时刻提醒自己应该牢记为人民服务的宗旨，落在实际行动上，以高标准严格要求自己，在政治上、思想上、行动上同上级要求保持一致。不能认为村是最小的基层单位，就有所忽略，看不起眼，上不了心。英雄不怕起点低，村的工作就是本职工作，村任何工作不论事情大小都要认真对待，高质量、高标准完成好，落实好。连最基层最小单位的小事都做不好，就遑论其他工作和发展。群众的眼睛是雪亮的，广大人民群众对驻村干部是听其言、观其行的。"其身正，不令而行；其身不正，虽令不从。"如果说的一套，做的又是一套，群众是不会信任的，与群众是离心离德的。驻村第一书记，要言传身教，将好作风、好办法、好思想带到群众之中，除弊革新，在全力进行经济帮扶的同时，更加重视精神文明建设，让村容村貌村风民俗焕然一新。更加重视自己驻村的表现，看是不是与群众打成一片，看是不是与村"两委"班子商量脱贫致富对策，看是不是人在村里心也在村里，看是不是遵守驻村纪律起模范带头作用。

（本文刊载于万绿清风网 2016 年 11 月 10 日）

家风建设事关重大

家风就是一个家庭的风气、风格与风尚，是道德、思想、生活习惯、情感、态度、精神、情趣及其他心理因素等综合教育。家风的无形力量，在日常的生活中潜移默化地影响着家庭成员，可以用无言的教育、无字的典籍、无声的力量来形容，与个人的关系最基本、最直接、最经常。社会由家庭细胞构成，每一个家庭都与社会息息相关。家风的好坏，直接影响着社会，直接关系党风政风，党风廉政建设必须重视良好的家风建设。

廉洁的家风，能为党员干部成长提供强大的正能量，而家风不正，则会催化党员干部腐败堕落，让权力偏离正确的轨道，沦为谋取家庭私利的工具。当前，受不良风气的影响，一些不注重家风建设的家庭事故频发。从典型的"家庭式"腐败案例来看，家风建设仍然是加强党员干部作风建设的一个重要内容。有的落马家庭"老子办事，儿子收钱"，家就是权钱交易所，他本人就是权钱交易所所长，全家老小参与腐败。一个不良的家风，会扭曲价值观，有时全家都会陷入物欲横流之中，失去灵魂，与社会丑恶现象同流合污而不觉其有什么不妥当。当被最后一根稻草压倒时，恍然大悟为时已晚。

如何建立良好的家风？习近平总书记在中国共产党第十八届中央纪律检查委员会第六次全体会议上强调，领导干部要把家风建设摆在重要位置，廉洁修身、廉洁齐家。因此，各级领导干部，要充分认识到家庭幸福不在名车豪宅。子女多福，不在留金留银。缺少健康的价值观，财产再多、权力再大，也会付诸东流。认识到家风建设是幸福家庭的起点，只有充分认识到家风建设的重要性与必要性，建立良好的家风，人生才能朝着正确航向前进。妻贤夫祸少，妻子在家庭里扮演着重要角色，有"家庭纪委书记"之称。干部家属特别是干部的妻子，上承孝敬父母长辈之责，下抚儿女成长，中管丈夫的温馨提示。履行好"家庭纪委书记"的职责，就是要防微杜渐，使其时刻保持清醒的头脑，保持与大款、老板的距离，杜绝金钱往来。让其警惕权力投资者所设置的金钱美色围猎圈，构筑坚固的家庭防线，切实帮助爱人把好廉洁关。家庭既是生活之所，更是修身之所，良好的家风应建立在爱学习上。"修身、齐家、治国、平天下"是历代文人志士的追求。"忠孝传家久，诗书继世长"散发着思想的光芒，好的家风代代传承，是家庭长盛不衰的真谛。学习是增长知识的重要手段，也是加强修养的有效途径。不学习，思想就容易庸俗化，修养就难以提高，政治界限和是非界限就把握不准。一个爱学习的家风，就是一种财富，就是一种昂然向上的正能量。"妇女奢淫者败，子弟骄怠者败，兄弟不和者败，侮师慢客者败。广积聚者，遗子孙以祸害。儿孙自有儿孙福，莫为儿孙作马牛。刻薄成家、骄奢淫逸，就是败家相。传家两字曰读曰耕，兴家两字曰俭曰勤。居官以不要钱为本，行军以不扰民为本。一屋不扫、何以扫天下。"这些知识，只有读书才能领会体察。家风不正、家教不严，家属亲属相互感染，就会产生恶性循环。对领导干部而言，家风正，则作风正，廉洁奉公就有了精神支撑。

（本文刊载于万绿清风网 2016 年 8 月 5 日）

切实管好党内政治生活

为切实管好党内政治生活，强化政治意识、大局意识、核心意识、看齐意识，提出如下三点意见。一是高质量开好民主生活会。开展批评和自我批评是民主生活会的精髓，与党内错误的思想和行为作斗争，通过照镜子、正衣冠、洗洗澡、治治病、红红脸、出出汗把病治好。二是要形成乐于接受批评的良好风尚。说实话，做实事，进行批评与自我批评。党员领导干部要以敢于亮剑的精神，引领乐于接受批评、改正缺点错误的新风尚。三是彻底打破人身依附关系。用好的作风，选作风好的人。不搞小圈子，不搞团团伙伙，从纯洁党内称呼开始纯洁党内关系，让称同志的多起来，让称领导为老板的成为过去时。

（本文刊载于万绿清风网 2016 年 11 月 17 日）

营造不想腐的舆论氛围

我市第七次党代会胜利召开，会议就五年来党风廉政建设和反腐败工作用了"六个坚持"进行了全面的回顾，总结了五年来反腐败斗争的经验，指出了当下存在的问题。全会对今后五年党风廉政建设和反腐败工作进行了部署，提出要严肃党内政治生活，构建良好政治生态，构建不敢腐、不能腐、不想腐的机制。思想是一切行动的源头，只有思想上不想腐，才能在各种复杂的环境当中，保持一身正气，出淤泥而不染。

物必先腐，而后虫生。大量事实表明，一些领导干部蜕化变质，往往是从思想道德防线失守开始的。党员领导干部如果没有高尚的品行操守，思想就容易出错、道路就容易走偏、行为就容易失范。曾经是很有能力的领导干部，出事前他们都曾经"兢兢业业"，在某些方面也有一定的成就，思想信念的动摇让他们给党和国家造成了重大损失，毁掉了自己与家庭的前程和幸福。因为思想信仰的动摇，胆子就会越来越大，就算过去是不怕急难险重的好干部，理想信念动摇后，都会把党性修养全都抛在脑后。理想信念动摇是最危险的动摇，理想信念滑坡是最危险的滑坡。当前思想信念方面仍然存在一些突出的问题：理想信念说起来重要，做起来不要；在位时想不到，落马后想晚了；自己能力那么强，怎么比社会上的老板寒碜；别人贪了没事，自己贪点也没什么；当官不发财，请我也不来等，这些观念严重侵蚀党员干部的思想。

理想信念是根，是魂，抓好不想腐的机制建设，应从以下几个方面着力：一是选用德配其位素质好的党员领导干部。思想信念底子好，根正苗红有金刚不坏之身，就能遏制贪欲之念，源头上就减少贪腐案件的发生。二是弘扬中华民族优秀的传统文化。中华民族以廉为荣，深厚的道德观念是清正的定力基础，有了根植于心的道德标准，人才能从内心自觉提高拒腐防变和抵御风险的能力。三是宣传健康向上的生活主旋律。在全社会宣传贪污可耻、廉洁光荣，营造风清气正的廉洁氛围。有了健康的生活情趣、生活追求，有了高尚的情怀，在滚滚红尘中就能保持一身正气、"刀枪不入"。四是建立不敢腐、不能腐的体制机制。把权力关进制度的笼子里，与不想腐的制度建设遥相呼应，筑牢拒腐防变的钢铁长城。

（本文刊载于万绿清风网 2017 年 1 月 4 日）

用微信建立党员联系群是个好办法

紫金县紫城镇中洞村在新时期精准扶贫精准脱贫三年攻坚行动中，该村把驻点直联工作与精准扶贫紧密结合，通过组建党员微信群进行线上党员活动，宣传党的方针政策，及时通报扶贫工作进展情况及工作打算，为精准扶贫工作凝聚了人心和力量。笔者认为，用微信群的方式联系党员、通报情况非常值得推广。

党员在以往比较集中在村里居住，召集会议比较容易。在新形势下，随着市场经济的快速发展，村里的党员外出务工、经商、旅游、探亲等各种不在家的情况比较常见，要开一个党员会议，村支部要事先逐一打电话或上门通知，耗时费力。开党的会议是很严肃的事情，党员听党的话是本分，很多党员都以党性的原则毫不犹豫参加会议。但党员也有自己的工作，有时很难做到随叫随到，手头上的事没有放下，影响党员开会注意力的集中。组建微信群，可以将开会的信息提早通知，让党员心中有数，党员可以提前安排好个人事务，一心一意参会。另外，一些简单的工作用微信就能方便快捷通知、布置。特别是村外出的流动党员，无论走得多远，都能听到党的声音、信息，党员与支部实现零距离沟通。

信息就是财富，在精准扶贫精准脱贫三年攻坚行动中，信息的有效性、及时性非常重要。群众富不富，关键看支部，支部要通过党员来联系群众。党员联系群众，宣传党的路线、方针、政策，起模范带头作用，必须吃透上级的精神，有了党员微信群，党员接收讯息更方便、更快捷，了解上情更加通畅，在做群众的工作时，就更加得心应手。一些科技知识、时政要闻，通过微信第一时间传达给党员，让信息多跑路，让党员少跑路，对于密切党群、干群关系具有十分重要的意义。

有了党员微信群，就有了支部与党员互动的平台，通过及时发布当前热点，不断更新平台知识内容，不断总结经验，与党员进行互动，党员的凝聚力、战斗力就会不断提高。组建党员微信群是一种新的尝试，是与时俱进的有力举措，应大力提倡。

（本文刊载于万绿清风网 2016 年 11 月 21 日）

又到春节自律时

元旦、春节期间是违规收送礼品礼金、消费卡等"四风"问题易发多发的重要节点，相关部门就会在这个时候作廉洁自律的"温馨提示"，年复一年的"温馨提示"，目的是警钟长鸣，防患于未然。习总书记对节假日廉洁自律是这样说的，"以重要节点抓党风""抓了中秋节抓国庆节，抓了国庆节抓新年，抓了新年抓春节，抓了春节抓清明节、抓端午节，就这么抓下去，总会见效的，使之形成一种习惯、一种风气"。当前反腐倡廉工作取得了阶段性成果，但离习总书记的要求尚有不小的差距。2017年的春节，要大力弘扬自律主旋律，要让自律成为节日腐败易发多发高发的特效药。

自律相对应的就是他律。他律狭义是指接受他人约束，接受他人的检查和监督。他律广义是指除本体外的行为个体或群体对本体的直接约束和控制。《中国共产党廉洁自律准则》是自律的行为准则，规定了党员廉洁自律规范四条，分别是坚持公私分明，先公后私，克己奉公；坚持崇廉拒腐，清白做人，干净做事；坚持尚俭戒奢，艰苦朴素，勤俭节约；坚持吃苦在前，享受在后，甘于奉献。党员领导干部廉洁自律规范四条，分别是廉洁从政，自觉保持人民公仆本色；廉洁用权，自觉维护人民根本利益；廉洁修身，自觉提升思想道德境界；廉洁齐家，自觉带头树立良好家风。重温《中国共产党廉洁自律准则》，对各级各部门做好春节廉洁自律工作具有现实的指导意义。

自律是自己主观上的行为要求，不需要外界的监督，就像早晨起床自觉刷牙，做完饭后主动关掉煤气，人走灯熄一样的自然。一旦形成习惯，每一名党员在内心深处就有牢不可破的自律意识，内在的行为习惯就能发挥强大的作用。

东汉羊续悬鱼拒贿成为千古美谈。包拯在产砚台的地方做官，离任时"不持一砚归"，为官清廉万古流芳。孔繁森是一尘不染、两袖清风的好干部。古代的清官能吏，现代的清正廉洁的党员干部，内心深处都有一种强大的自律意识。时近春节，自律尤为重要，不因贪小而为之，要学会算一笔政治、经济、名誉、家庭、亲情、自由、健康账，因为无私，因为无贪，心宽天地阔，平安健康就会成为春节最大的幸福。

（本文刊载于万绿清风网 2017 年 2 月 7 日）

政治生态是发展的保障

市委六届十次全会强调，全市党员干部肩负着河源全面小康的重大政治责任和历史使命，要积极构建好的政治生态环境，为我市脱贫奔康和振兴发展提供强有力保障。我市正处于重要战略机遇期，市委提出打造良好的政治生态，意义重大，影响深远。

政治生态破坏之后，对社会的危害是巨大的。习近平总书记指出，"政治生态污浊，从政环境就恶劣；政治生态清明，从政环境就优良。政治生态和自然生态一样，稍不注意，就很容易受到污染，一旦出现问题，再想恢复就要付出很大代价"。"塌方式腐败"是政治生态整体出了问题，共同特征都是"一挖一大片，一提一大串"。政治生态出了问题，往往是山头主义、圈子文化盛行，官商勾结、权钱交易、权色交易，占山头、拉帮派、结党营私，进行资源攫取与利益输送，导致党内生活很不正常。政治生态出了问题，选人用人偏离航道，用人唯钱，用人唯亲，歪风邪气盛行，是腐败产生的源头，政治生态就沦为经济化、利益化和商品化的氛围。在政治生态恶劣的地方，对社会的危害出乎人的意料，价值观扭曲，社会正义感缺失，社会失去公平正义，人身依附，经济社会出现畸形，严重影响了党在人民群众心中的地位和形象。

当前，打造良好的政治生态具有重要性和紧迫性。一是良好的政治生态，必须从建立良好的从政品德着手。理想信念是总开关，信念不牢，地动山摇。要树立坚定的中国特色社会主义道路自信、理论自信、制度自信、文化自信。二是良好的政治生态，必须严肃党内政治生活。开展严肃认真的党内政治生活，充分利用好批评与自我批评有力武器，以良好的党风促政风带民风。严格执行民主集中制，形成心齐气顺的政治氛围。三是良好的政治生态，必须严格执纪。没有规矩不成方圆。对党员干部来说，守法只是一个基本底线，而遵守和执行党纪党规意味着更高的标准、更严的要求。有许多事情，普通公民可以做，但党员干部不能做。要"小病""大病"一起治，做到有纪必执、执纪必严，对违反党的纪律和规矩的，严格问责、严肃处理，切实维护纪律规矩的权威性和严肃性，通过纪律的刚性约束，推动政治生态不断完善。四是良好的政治生态，必须坚持正确选人用人导向。按照德才兼备、以德为先的原则，坚持正确选人用人导向，为党和人民选好干部，建立一支风清气正的干部队伍，实现政治生态的山清水秀。

（本文刊载于万绿清风网2016年10月21日）

只要一心为公，瓜田李下亦敢于做事

瓜田李下是指瓜田不纳履，李下不整冠。就是说为了避免招惹无端的怀疑，经过瓜田，不可弯腰提鞋，经过李树不举起手来整理帽子。我省是改革开放的前沿区，改革开放事业没有现成的路可以走，只能摸着石头过河，只能按邓小平同志在南方谈话中指出的去做，"改革开放胆子要大一些，敢于试验，不能像小脚女人一样。看准了的，就大胆地试，大胆地闯。没有一点闯的精神，没有一点'冒'的精神，没有一股气呀，劲呀，就走不出一条好路"。广东人"闯和冒"的过程，有可能就是犯错误的过程。如果患得患失，怕在瓜田下纳履，怕在李树下整冠，就没有今天广东辉煌的成就，这是改革开放先行区最大的省情。

全省第十五期党纪政纪法纪教育培训班影响深远，意义重大。会议强调，各级党员领导干部要不忘初心、不辱使命，永葆共产党人拒腐蚀永不沾的政治本色，提出了正确把握和处理好"四个关系"，做政治上的明白人。在"四个关系"中，明确提出了正确把握和处理好严肃党纪与宽容失败失误的关系，认清党中央惩治腐败的坚定政治决心，坚持用好"四种形态"，坚持惩前毖后、治病救人，探索建立容错纠错机制，最大限度调动和保护广大党员干部干事创业的积极性、主动性和创造性。严肃党纪与宽容失败失误的提出，为新形势下做好广东自己的事情，为实现中国梦，保护和调动广大党员干部干事创业的积极性起到了重要的作用。

习近平指出："受成长经历、社会环境、政治生态等多方面因素影响，当前干部队伍也存在种种复杂情况，一个突出问题是部分干部思想困惑增多、积极性不高，存在一定程度的'为官不为'。"从江门近几月查处"为官不为"19人来看，为官不为造成的损失不亚于贪污腐败，一幕幕为官不为的后果着实让人心惊肉跳。大家对贪污腐败深恶痛绝，没想到为官不为也是一种腐败，危害性也不容小觑。为官不为的原因很多，近期来说，随着反"四风"力度加大，中央出台八项规定，权力逐渐被关进制度的笼子里。以前部分领导干部习惯了吃点喝点、送点收点、办公室大点、车配得好点，现在都不行了，一时觉得"不适应"，找不到"为官"的感觉，进而失去了干事的动力。有的领导干部认为，"现在管得这样严，干事越多，出错概率就越大，犯不着去冒险"，以"不出事"为本事，为了不出事，宁愿不干事，想干事的党员干部也担心干多错多。

　　既要把纪律挺在前面，让纪律成为高压线，又要体现对干部严管厚爱，怎样才能做到？现成的答案是要坚定不移贯彻"两个尊重""三个区分"原则，尊重广东历史、尊重广东省情，把因缺乏经验、先行先试出现的失误与明知故犯违纪违法的行为区分开来，把国家尚无明确规定的探索性试验与国家明令禁止后有法不依的行为区分开来，把为加快发展的无意过失与为谋取私利故意违纪违法的行为区分开来，积极营造鼓励改革、宽容失败、遏制腐败、干净干事的政治社会环境。说到底，就是鼓励在依法办事的前提下，要保持干事创业的势头、劲头，保护为了群众幸福而大胆做事的干部，区分的办法就是初心是为公还是为私，是为群众谋利益，还是为一己之私谋利益。一心为公，公道正派，心胸坦荡，没有个人的私利，为了把改革开放事业推向前进，会对一时失误的党员干部进行厚爱，为爱干事、肯干事的党员干部撑腰，让他们甩开膀子干活，不会因为怕做多错多，怕这怕那而裹足不前，丧失大好的发展机遇。出发初心为公，就是瓜田李下也无所顾忌，没有了沉重的思想负担，做起事来，就敢于担当，敢于碰硬，敢于胜利。

（本文刊载于万绿清风网 2016 年 10 月 17 日）

时评采撷篇

| 在路上 |
ZAILUSHANG

大项目还须大力气优环境用政策

小项目，小发展；大项目，大发展；不抓项目，空谈发展。受国际、国内经济下行压力的影响，我市经济发展有所放缓，新项目的签约就像冬天里的一把火，意义重大，影响深远。

项目是发展的重要载体。例如，江东新区是新区，新区建设需要一大批项目来支撑。江东新区请专家组绘就的蓝图，经过公示和广泛征求社会各界的意见，诸如江东新区的定位为全国生态文明发展践行区、广东绿色资源产业发展示范区、粤东北区域经济协调发展融合区、环珠三角低碳产业集聚区、河源产城融合发展新引擎等。打造生态居住休闲组团、教育文化组团、中心商业商务组团、转型示范组团、先进制造组团、绿色产业组团，已为广大群众所熟知。这些宏伟蓝图，如果离开相关的项目，就变得可有可无，就成为"纸上谈兵"。处在组建之初、百业待举的江东新区，瞄准目标，引进了3个含金量非常可观的项目，这种大手笔确实值得学习与推崇，也期望这些项目能够茁壮成长，长成参天大树。

栽得梧桐树，引得凤凰来。我市历届党委政府非常重视打造一流投资环境，但我市在投资环境、政务环境方面仍存在一些与形势发展不相适应的地方，离打造阳光政务、营造服务型政府工作还有一定的差距。小项目引进可能靠感情、人情，而批量项目引进则要靠一流的投资环境。相信每一个大项目落户之前，企业都会派出专业人士对这个地方的投资环境进行评估，最后项目肯定会落户在效益最高、投资环境最好的地方。因此，我们要高度重视投资环境的建设，让每个市民都成为投资环境的践行者，在全社会形成尊商、爱商、护商的良好氛围，让投资者在河源顺心、舒心、放心。要以问题为导向，对项目落户的环评、用地、供电、供气、消防验收、市政配套等相关环节，按照服务型政府的要求，减少行政审批程序，提高行政效率，营造廉洁、高效的政务环境，通过制度化、规范化，变被动协调为主动服务，为落户项目提供绿色通道，保证项目建设如期顺利进行。

谋划大项目才能谋取大发展。大项目引领大发展已成为共识，有些城市只做一个项目就形成榕树效应，实现经济社会全面发展。我市发展的项目当中，"星星"很多，"月亮"较少，要形成"星月同辉"的格局，前进的道路才能越走越宽，才能发展得快。党的十八届三中全会全面深化改革产生的政策红利、原中央苏区县振兴发展政策、省委省政府加快粤东西北发展和创新驱动战略、深圳市对口帮扶我市等相关政策，含金量较大，我市要吃准、吃透、用足、用活这些政策，主动承接，力争国家和省的大项目落户。要认真抓好"三个100"工程，启动实施"双百亿工程"，加快培育壮大一批产值超10亿元、50亿元、100亿元的骨干企业。要利用好本地优势资源，全面落实省产业链招商三年行动计划，加强新电子、新材料、太阳能光伏、水、稀土、硬质合金等产业链招商工作，吸引龙头企业落户，带动配套企业跟进，形成一批具有特色优势的产业集群。我市在路网建设上有一大批大项目，如东环高速、汕昆和武深高速河源段、赣深高铁等一批路网建设项目，这些项目是我市经济发展的重头戏，必须抓住机遇，全力攻坚，早日实现路通财通。

（本文刊载于《河源日报》2014年12月23日）

大学生村干部在农村有广阔天地

近日,市委发出招贤令,就加强农村基层组织建设,建设社会主义新农村、实现全面建成小康社会宏伟目标等,选聘500名大学毕业生到村工作。

招贤令一出,大学毕业生有的欣然向往,有的面露难色,有的不屑一顾,表情纷繁复杂。为何有那么多的表情不言而喻,欣然向往者,全国今年有普通高校毕业生699万,比去年增加19万,再创历史新高,就业形势严峻,市委提供的这个就业机会当然不应错过。面露难色者,是因为他们期望值偏高,自身定位不准,理想与现实脱节。他们认为读了大学就理所当然当国家干部,就应该有一份待遇丰厚的固定工作,片面认为留在大城市、大单位才能体现自己的人生价值,才能实现自己的理想和抱负。现在提供的就业岗位是基层的基层,说不定就是自己成长的家门口,情何以堪?不屑一顾者坚定地认为,此地不留人自有留人处,过了这个村还一定有那个店,哪能屈就自己?有的大学生为追求物质待遇和地域条件,缺少艰苦奋斗的精神和强烈的责任感,挑来拣去,岁月蹉跎,可能最终一事无成。

是金子,迟早会发出亮光,起点低并不等于终点低。汉高祖刘邦,初始的工作是担任"泗水亭长",相当于现在的村干部;三国的刘备初始的职业是织席贩履,即织草席卖鞋子的;起点最低的是明朝开国皇帝朱元璋,什么职业都没有,是个要饭的。先秦的孟子,有一篇《生于忧患,死于安乐》的文章,大家耳熟能详,他也认为初始的职业并不关乎人一生的命运。舜发于畎亩之中,傅说举于版筑之中,胶鬲举于鱼盐之中,管夷吾举于士,孙叔敖举于海,百里奚举于市。故天将降大任于斯人也,必先苦其心志,劳其筋骨,饿其体肤,空乏其身，行拂乱其所为，所以动心忍性，曾益其所不能。有人可能认为以上说的人物年代远了，过时了，不足为凭。那咱们说说现代的。全国人大常委会原委员长吴邦国毕业后直接进厂当了工人，况且一干就是10年；党和国家前领导人胡锦涛曾在水电部刘家峡工程局房建队劳动；国务院前总理温家宝在甘肃基层工作，一直到40岁才进中央机关。事实胜于雄辩，抱着伟大理想的人，下定决心从最低的起点做起，同样能实现人生的目标。

农村最缺人才。一是缺年轻党员。一些村党员长期得不到发展，"五个党员只有四颗牙齿"，全都是老党员。二是村干部缺文化。改革开放之后，有文化有本事的都外出了，留在村里的鲜见大学生，在村里任职的有高中、初中学历就不错了。三是缺致富带头人。有些偏远山村长期封闭，耕作方式、生活方式全盘固化，急需注入新鲜"血液"，改变其贫困落后面貌。招聘的大学生村干部见过世面，年纪轻、有能力、有魄力，广阔的农村为他们提供了施展才华的用武之地。

市委为大学生想到了后顾之忧。为让大学生安心扎根基层，市委下发了《河源市大学生村官管理暂行办法》，为优秀大学生村干部铺就"5条出路"：选进村"两委"班子；通过公开选拔，担任乡科级领导干部；聘用期满3年内参加事业单位招聘笔试成绩加分；报考研究生初试成绩加分，同等条件下优先录取；聘用期满后3年内自主创业可享受多项行政事业性收费优惠和小额贴息贷款政策。只要你干得好，前途一片光明。因此，市委的爱才之举值得赞誉，大学毕业生大可放下包袱，投笔从农，为百姓谋幸福，在农村广阔的天地里写下人生瑰丽的篇章。

（本文刊载于《河源日报》2013年7月30日）

借政策东风助河源发力快跑

在"三个定位、两个率先"的总目标指引下,广东省加快了进一步深化改革开放和发展的步伐,尤其是针对地区发展不平衡现状,明确了"处理好加快发展和调整经济结构之间的关系"。近日,伴随着《关于进一步促进粤东西北地区振兴发展的决定》(以下简称《决定》)的出台,广东迫切需要加快粤东西北发展,在全省上下已经成为共识。河源地处粤北地区,在新一轮粤东西北地区振兴发展中,如何借政策东风,甩掉"穷帽子",到2020年与全国同步全面建成小康社会,正成为当前全市上下热议的话题。

在利好消息传来的同时,河源目前面临的状况不容忽视:所辖5个县都是贫困县,占了全省贫困县的1/3。如果不尽快脱贫,贫困就会蔓延,演变成代际传递。与我们有相同感受的兄弟市中,粤东西北地区占据一大片,广东区域发展不平衡的生动写照是"全国最富的地方在广东,最穷的地方也在广东"。《决定》的出台,便是实现区域平衡发展的有效举措。

《决定》明确提出,加快粤东西北发展主要靠"三个抓手":一是加强交通基础设施建设,构建快速交通运输体系,显著改善粤东西北地区发展的区位条件;二是加强产业园区建设,推动产业集聚和节约集约发展,以园区为载体加快粤东西北地区工业化进程;三是做大做强地级市中心城区,加快城镇化进程,打造区域发展的增长极。如何抓住这三个"抓手"推进政策实施?

思路决定出路,唯有从解放思想入手,大胆学习借鉴改革开放取得成功地区的经验启示,才能为加快发展提供重要的思想保障。没有坚定的思想观念大解放,没有高招绝招,在全省新一轮的"赛马"当中,河源又会变成"后无追兵"。

决定这场战役能否取得胜利的重要保证，第一是解放思想，第二还是解放思想。在全市营造干事创业的良好氛围，大胆起用能干事、会干事、干成事的干部，河源才会有希望。

第一个"抓手"是大力发展交通等基础设施建设。这既是《决定》对河源的要求，更是河源打一场交通设施建设硬仗的良好时机。时下，我市正全力推进大广（连平段）、东环、汕湛（河紫段）高速公路建设，力争汕昆、粤湘高速公路如期动工，并将河惠莞、赣龙紫高速公路项目列入省高速公路网。届时，贯通河源的高速路总里程将有800多公里，这将奠定我市作为"粤东北地区、粤闽赣陆路中转交通枢纽"的地位。

第二个"抓手"是进一步加强全市一区六园的产业园区建设。园区经济是河源经济主战场，我们不妨考虑组建园区投资开发公司和管理机构，省、市及各方主体投入的资金以股权方式投入，实行公司化运营管理，让市场之手，管住政府的手，发挥园区的自主造血功能。把钱用在刀刃上，建设生产、生活、生态三位一体的新型园区，引进大项目、好项目，把园区经济做优做强，做出成效，做出特色。在考虑园区发展特色上，我们应利用河源良好的资源优势，做好资源开发精深加工，将资源优势转化为经济优势。加快建设稀土高新材料产业园、市区水产业园、东源新型建材产业基地、和平再生资源加工基地、连平钨矿精深加工基地，我们不仅要将这些好思路、好规划不折不扣落到实处，而且更应进一步提升资源开发利用水平。与此同时，我们不能放弃生态农业、旅游业等优势资源方面的特色，在整合资源优势的同时，全力打造岭南生态休闲名城。

第三个"抓手"是实现市区扩容提质，这也是早前市委、市政府提出的奋斗目标。目前，全市360万人口、面积1.58万平方公里，但市区面积只有40多平方公里，市区人口也只有40万左右，行政区域小，人口少，城市中心区的辐射带动功能薄弱，仅靠40万的城市人口带动全市360万人口脱贫致富，是"小牛拉大车"。只有做大中心城区，才能带动周边发展。河源市区扩容提质，不仅有利于完善城市功能，增强城市中心区的集聚力、带动力、辐射力，改善人居环境和城区面貌,加快我市城市化进程,而且将更好地提升河源人民的幸福感。

(本文刊载于《河源日报》2013年8月13日)

精准扶贫是脱贫利器

河源是全省第二轮扶贫"双到"工作的主战场之一,我市在前两轮的扶贫开发中取得了很好的效果,无论从方式方法还是考核机制来看,都有很多可取之处。在新一轮扶贫工作中,要把握精准扶贫、精准脱贫的要求,坚决打赢扶贫开发攻坚战。

新一轮扶贫是广东率先全面建成小康社会前的最后一轮扶贫,事关广东率先全面建成小康社会的大局。市委市政府主要领导的要求为我市推进新一轮扶贫开发指明了目标和方向。如何才能做到精准扶贫、高质量完成扶贫工作?笔者认为,在总结以往扶贫工作的好经验、好做法的同时,关键要做到三点。

首先是确定贫困对象要精准。对贫困户、贫困村的核定,要用一把尺子量到底,要公平、公正、公开确定贫困对象。在农村,因为各种复杂的利益瓜葛,在贫困户的核定中,可能出现越穷越没有人理、越穷越没有人帮扶的现象,因为穷人多数不善于打交道,也实在拿不出好的礼物来打交道。曾有一个村,一家子都有外出干部和经商做生意的,房子建得很漂亮,有几十亩鱼塘,村"两委"还是硬塞给其一个扶贫指标,扶贫对象生活状况比帮扶干部还要好。这种扶贫对象的不实、不真,严重伤害了党群、干群关系。在新一轮的扶贫中,要纠正这种现象,实行多措并举,确保党和政府的扶贫政策真正惠及贫困人口。

其次是资金使用管理要精准。扶贫离不开资金,在新一轮扶贫开发过程中,各种帮扶资金都必须用到实处。落实到户的资金,可能比较散、少,但就是这样一些救命钱,一些"苍蝇"式的腐败就可能在群众的身边发生。围绕资金使用安全,必须加强资金用途的切实有效监管,防止侵占群众利益的腐败行为发生，坚决做到发现一起查处一起。同时，要发挥群众的主观能动性，让有限的资金，用在刀刃上，产生实实在在的帮扶效果。

最后是帮扶感情要真挚。在帮扶工作中，驻村干部大多都是从各单位抽调的，需单位和挂点村两头兼顾，很有可能出现到村时间少、住下来时间更少等情况。甚至可能出现上级检查组到来，驻村干部才跟着来；检查组一走，驻村干部立马跟着走等情况。因为驻村时间少，群众与干部交流少，误会就多，当驻村干部拿着自己的工资帮扶贫困户的时候，贫困户一点感激之情都没有，甚至还会想，上级给了 1000 元你才给 800 元。如果驻村干部是扶真贫，真正投入感情了，与群众唠家常，掌握他们贫困的原因，帮群众出主意、想办法，想群众所想、急群众所急，群众就会从心眼里喜爱干部，就会觉得干部像亲人一样温暖，内在动力就会发挥，脱贫就会指日可待。

（本文刊载于《河源日报》2015 年 12 月 31 日）

亲职教育魅力无限

初接触"亲职教育"的人，可能很难准确回答什么叫"亲职教育"。亲职教育是指对已为父母的人实施的教育，其目的是改变或加强父母的教育观念，使父母获得抚养、教育子女的知识和技能。亲职教育主要有三项职能，改变父母对学校的评价标准、对教师期望以及对子女的成就期望等各种不正确的观念；掌握抚养和教育子女的知识与技能；更新对子女的教育态度和教育方法、建立良好的亲子关系以及理解家庭环境对子女的重要影响等，最终目的是达到亲子和睦、家庭幸福、社会和谐稳定。

随着社会经济的发展，人们生活水平的不断提高，父母对孩子的教育越来越重视，父母都希望以此来让小孩健康成长，提升家庭的生活质量。但教育孩子不是一件容易的事，涉及优生学、生理学、卫生学、营养学、心理学、教育学、人才学、伦理学、社会学等。家长只有掌握了教育规律，才能更好地教育孩子。可以说，亲职教育是孩子成才的关键。

在实践之中，亲职教育工作却做得并不好。从国内亲职教育看，主要有三方面的问题。首先是独生子女教育问题。我国计划生育政策实施以来，形成了一定数量的独生子女群体。这个独生子女群体，在观念上、教育上已出现了一定的局限，很多父母明显感觉到老办法不顶用、新办法不会用。其次是家庭不稳定因素造成的问题。在子女小学到高中的成长关键期，离婚造成的影响更加明显，子女教育成为家庭的两难抉择，亲职教育显得尤为迫切。最后是生活环境质量提高后子女教育有些跟不上。生活变好后，休闲时间越来越多，休闲活动在潜移默化中带来的影响越来越大，亲职教育面临着新的挑战。当前的父母接受亲职教育严重不足,多元化的教育尚没有形成,教育内容参差不齐等。

近日,我市在市妇幼保健院启动亲职教育项目,每周日下午免费开办亲职教育专场讲座。目前,我国的亲职教育还处在起步探索阶段,作为经济欠发达地区的河源积极行动,值得点赞,值得各位年轻家长积极参与。通过亲职教育的不断深入、教学的不断完善以及亲职教育意识的不断增强,亲职教育产生的效果将不断显现。期望我市的亲职教育广泛普及,从而促进广大市民家庭更幸福、社会更和谐稳定。

(本文刊载于《河源日报》2016年6月28日)

权责清单比太阳还要有光辉

日前，我市召开推行权责清单制度工作电视电话会议，对市、县区两级开展权责清单制度工作进行全面动员部署。一场被誉为对权力机关进行自我革命的活动在我市拉开了帷幕。

长期以来，老百姓与政府部门打交道，总觉得政府部门"上管天，下管地，中间还管着空气"。于是乎，各种乱象层出不穷。因权力不受约束，甚至朝令夕改，老百姓觉得做也不对，不做也不对，非常尴尬，由于权力随意性大，往往会把简单的问题复杂化，出现各种要证明你妈是你妈、自己是自己、自己还活着等听起来不可能，在现实中却真实存在的权力任性。有了清晰明了的权责清单，对政府部门各项权力的越界行为就有了抵制、制约、监督、查办、惩处的明确标准，复杂的问题就可以简单化，大家可以"照书念经"，是非曲直一目了然。

当前，政府各职能部门在权力配置上存在职权交叉重叠、空间间隙较大等问题，常见的是有利益的事大家争着管，没有利益的事没人管或管不好，行政管理乱象时有发生。有了清晰的权责清单，权责统一，就能管住各种不作为和乱作为，提高行政管理水平，建设高效政府。有了权责清单，就能提高社会对公职人员的监督，遏制贪污腐败、假公济私、不当职务消费、徇私枉法、非法行政、粗暴执法等滥用职权行为。权责清单是全面推进依法行政、建设法治政府的基本要求，也是权力运行的轨迹和规律。权责清单划定了权力边界，有力推进法治建设。

当前改革已进入攻坚期和深水区，除涉及国家机密和法律规定必须保密的之外，将权责清理之后，都必须公开。因此，政府要着重抓好部门清理、部门编制初稿、审核三个关键环节。先明晰每个单位、每个职位的权责，进行一场自我革命。要坚定地进行科学合理的权责配置，清理过时的权责，打破部门利益固化，合并部门间交叉和重叠的职能，对权责清单全面审查、合理界定，确保新公布的权责清单起到激浊扬清、高效便民、管理科学的作用。

推动权责清单是各级各部门的自我革命，只有依法公开权力运行流程，强化权力运行制约，才能确保进一步释放改革红利，激发经济发展活力。只有将权责清单公开，我们的各项事业才能享受到比太阳还要耀眼的光辉。

（本文刊载于《河源日报》2015年8月25日）

让利于民，高铁才能叫好又叫座

据中国铁路服务中心消息，部分火车票将开始有优惠。2014年3月20日—12月31日期间(9月30日—10月7日除外)，始发的部分旅客列车末端空闲卧铺执行优惠票价，优惠涉及全国范围内556个车次，包括4个Z字头列车。实施特惠票价的公告传出，市场反响强烈。从2013年3月铁路开启市场化改革以来，铁路部门已经多次推出淡季高铁票打折活动，但由于打折票时段冷门且只限高档座，被指"没有诚意"，高铁票销售并未有大幅增长，而此次将二等座纳入打折范围有望使更多普通民众感受到"高铁打折"的诚意。

去年，高铁打折车票只包含商务座、特等座和一等座，没有二等座，对普通旅客吸引力不大。经常坐一等座的基本都是商务旅客，追求的更是车次时间合适，钱多一点少一点并不十分在意，这是去年高铁打折票看得多买得少的主要原因。高铁这次推出部分高铁票打折的措施，二等座首次被列入了打折范围，让高铁聚敛的人气持续火爆，着实让旅客窃喜。

高铁票打折所传递给公众的不仅仅是让利售票，更重要的是让铁路回归"人民铁路为人民"的本质。首先，离开人民的支持，高铁就会变"死铁"。任何一项经营活动，都离不开群众的赞成与拥护，坐高铁快捷，坐高铁安全，人们出行会选择高铁。相比之下，坐高铁很贵，坐高铁很烦，人们就会唾弃。为了让更多的人眷恋高铁，稳稳抓住客源，只有让高不可攀的高铁像高档会所一样回归寻常百姓，才能赢得民心，赢得市场。我国建高铁的本意，也就是让人民群众从天上快捷出行，到"地上飞行"有更多更便利的选择。高铁在建设的过程中，得到了国家的政策支持、资金支持，更多的是高铁所经之地人民群众在土地等方面的支持，离开人民的支持，"高铁"就会变"慢铁"，甚至变"废铁"。会做企业的高层都会回馈顾客衣食父母的照顾。因此，高铁的优惠应看成是与市场、与顾客的互动，而不是高铁的恩赐。

其次，惠民利企就是要叫好又叫座。企业以追求利润最大化为目标，旅客则以便宜实惠为出行首选。两者之间似乎水火难容，如果企业的投资以最短时间回笼资金，追求利益最大化为导向，必然会在春运等节假日期间，旅客无从选择之机提价，或者利用垄断地位任你千呼万唤就是不降价，让你气急败坏。那么，旅客回报给高铁的就有可能是铁拳和用脚投票。其实，学过经营管理知识的人都知道，惠民才能利企，才能实现共赢。这次推出的高铁票打折与航空票定价模式不谋而合，必将强化公众对铁路客票尤其是高铁票价格市场调节的正面预期，从而使高铁票打折由叫好向叫座发展。

最后，让利就是实现利益的最大化。"一日阉九猪，十日无猪阉"是农村阉猪行业的窘况，如果高铁只在节假日才旺市，就会出现青黄不接的营运状况。现代交通体系是多元、立体的，公众能够自主选择出行交通工具。高高在上的企业将被历史淘汰，这已在很多领域被证明为真理。高铁票打折释放高铁红利，必将对公众出行形成市场引导。高铁票打折是企业的市场行为，必将获得丰厚的市场预期。

（本文刊载于《河源日报》2014年4月1日）

"三偷"监管力度仍需加强

自去年底开始,河源开展围剿偷伐、偷采、偷排(以下简称"三偷")行动以来,一些不法分子纷纷落网,沉重打击了他们的嚣张气焰,有效保护了我市良好的生态环境,广大人民群众对此拍手称快。

"三偷"对生态的破坏,用杀鸡取卵来形容最为贴切。他们采取最野蛮的方式掠夺资源,使河流受到污染,青山像剃了光头,以致生态环境长期都不能恢复,人民的生命财产受到严重威胁。同时,"三偷"只能让小部分人得到蝇头小利,而赚了大钱的是老板,资源枯竭了,老板却拍屁股走人,留下的烂摊子由政府来埋单,祸害让子孙后代承担。

"三偷"分子气焰嚣张,当地老百姓的利益谁来维护?他们的冤屈该向谁诉说?不怕被贼偷,就怕贼惦记,社会上一些地痞、村霸、无业游民,甚至一些日子过得很滋润的不良老板也挖空心思,想通过偷伐、偷采、偷排的捷径一夜暴富。为了让当地群众"闭嘴",他们甚至人为制造紧张的社会气氛,利用黑恶势力打击不听从、不服从的村民;有的还把黑手伸向外出的领导干部,进行恫吓、威胁、谈话,软硬兼施,让他们缄口不言。为官一任造福一方是政绩,为官一任保一方平安也是政绩,对于"三偷"分子的拉拢,党员领导干部要敢于说"不"。在这里,笔者也呼吁全体市民,要勇敢地站出来,同"三偷"行为作坚决斗争。

打击"三偷"必须常抓不懈。我市围剿"三偷"行动虽然取得了阶段性成果,但是,行动更是一场持久战。一些利欲熏心的不法分子会玩捉迷藏、打游击,妄想风头一过,重新找个"保护伞"或靠山,卷土重来,甚至是变本加厉,继续干起"三偷"的勾当。这不是危言耸听,这正是我市一直对"三偷"屡禁不止、屡打不绝的重要原因。"三偷"带来的利益驱动,总会让一些蠢蠢欲动的不法分子敢冒犯罪的风险。因此,"三偷"一日不止,监管一日不松。全市各级和广大群众要有打一场持久战的信心、勇气、毅力,坚决对"三偷"予以打击,并一以贯之。同时,各地要建立长效监管机制,让不法分子不敢轻举妄动,要让他们知道,妄动则倾家荡产,妄动则有牢狱之灾。如此,河源才能保护好自己的绿水青山,保护好我们赖以生存的美丽山川。

(本文刊载于《河源日报》2015年4月7日)

森林防火无小事

11月5日，省政府召开了全省国有林场改革暨今冬明春森林防火电视电话会议，要求各地在冬春森林火灾易发季节，要高度重视森林防火工作。河源拥有良好的生态环境，做好森林防火工作，保护好森林资源是河源人民义不容辞的职责，也是打造"广东绿谷"的重要保证，森林防火工作必须提高到突出的位置抓实抓好。

前几年，河源也曾出现因炼山种桉树而"烽烟"四起的现象，致使林火防不胜防。一些群众认为山林租金低，觉得吃亏了，不提高租金，就让桉树种不成，于是乎，就多了人为的火灾。在当前生态保护激励机制下，退耕还林已被广大群众所接受，村民也从生态保护中受益。这也传递出一些信息，今后要让防火措施落到实处，就应在生态保护资金公开、公平、公正发放上下功夫。生态保护好、不砍树、不烧山的给予奖励，保护不好的不仅没有收益，还要受重罚，做到奖惩分明，这样，群众防火意识就会成为常态。

"预防为主，积极扑救"是森林防火的方针，建立有科技含量的防火体系，是新形势下森林防火重要的手段。除了组建专业森林消防队外，还必须切实加强装备现代化建设，采用地面巡护、瞭望台监测与基于无线网络技术的远程无线监控系统、森林火灾自动预警系统、护林飞机和红外遥感火灾预警飞机巡逻、卫星巡回监测系统相结合，确保森林防火薄弱环节得到加强。

最后，森林防火要严格问责。森林防火工作要防患于未然，一次小小的疏忽、一个不经意的行动，就可能毁掉一片林、一座山、一个生命、一个家庭。因此，要着重对"林边火、生产火、坟头火、田边火、进山火"进行有效的管控和治理。

要加大山火案件的查处力度,对不坚守岗位、不负责任、失职渎职、工作不落实、措施不到位,凡是森林火灾发生率、受害率和损失达到问责、追责条件的,必须依照规定分级追究责任;达到犯罪的依法予以惩处,让法律的利剑为森林防火安全保驾护航。

河源有一流的生态、一流的水质,良好生态环境已经成为河源的名片。保护好河源的森林资源,河源的生态名片才能更亮丽。

(本文刊载于《河源日报》2015年11月10日)

"舌尖上的安全"事关人民福祉

近日,省政协调研组到我市进行农产品质量安全监管工作专题调研,并就我市食品安全提出了相关的要求。食品安全关系千家万户,关系到每一个人的健康安全,我市必须以食品安全为抓手,着力构筑最适宜居住城市。

有毒食品的泛滥,让不少人对"吃什么才安全"深感忧虑。为加强食品安全监管,去年10月1日新修订的《中华人民共和国食品安全法》以"标准严、监管严、处罚严和问责严"被冠以"史上最严的食品安全法"。如何将法律条款的严落实到执法监管层面,已成为提升政府公信力和老百姓食品安全感的当务之急。食品监管"执法不严",老百姓就没有"食品安全感"。在食品安全事件多发、形势严峻的现实面前,各地应全力推动法律不折不扣地执行,发挥出食品安全法应有的威严,起到约束和规范社会行为的作用。

有毒食品像隐形的杀手,而且花样和手段层出不穷。因此,要保证食品安全,"政府监管与群众参与"两只手都要硬。比如,"禁止将剧毒、高毒农药用于蔬菜、瓜果、茶叶和中草药材等国家规定的农作物"等规定,政府部门要担负起监管职责,也离不开广大人民群众支持与配合。只有全民关注身边的食品安全,只有政府监管扎根于人民群众之中,食品安全才不是一句空话。

我市是生态发展区,当前正在创建全国文明城市,全力打造"广东绿谷"。我市是岭南文化发祥地,饮食文化是其中重要的一环。随着对外影响力的提升,来我市旅游观光的游客会越来越多,食品安全工作要走在全省乃至全国的前列,只有紧紧扣住食品安全这根生命健康线、政治高压线、舆论关注热线,下狠心、出重拳,为饮食文化发展和群众饮食安全提供可靠保障,才能使河源真正成为人们津津乐道、安居乐业的"最适宜居住城市",食品真的安全了就会为河源增添新的光彩。

(本文刊载于《河源日报》2016年5月4日)

诉讼不是化解矛盾纠纷的唯一办法

自5月起,我市两级法院对符合法律规定的起诉、自诉和申请,一律接收诉状,当场登记立案。对提交的材料不符合形式要件的,及时释明,以书面形式一次性全面告知应当补充的材料和期限。从立案审查到立案登记,虽然只是两字之差,其中带来的变化却是巨大的,这次改革将从制度上、源头上解决困扰人民群众反映强烈的"立案难"问题。

"立案难""立案烦"曾是不少群众的心头之痛。有些地方案件多,就算你有一百个可以立案的理由,仍要排队挂号去,今天排不上,明天接着来,让你干着急。曾经有一位企业主诉讼标的事关重大,但在送诉讼文书的时候,法院工作人员不签收。当事人的理解是:既然法院送达的文书,当事人要签收,那么当事人提出的诉讼,法院也应该签收。但法院工作人员依然予以拒绝。不过,这种现状一去不复返了。现在,只要符合条件,立案就像快递收信一样方便。

立案登记制的实施方便了当事人,但诉讼并不是解决问题的唯一办法。近年来,随着公众法律意识的提升,一些人一旦遇到纠纷或矛盾,首先想到的不是通过其他途径解决,而是直接到法院打官司,甚至以打官司作为一种时尚。其实,有些事情在法律上有了"说法",但同时可能失去更多。感情不和离婚,连续不断诉讼耗时费力,法院判决后,可能会给孩子幼小的心灵造成伤害。为了一间房子的继承权到法院打官司,经法院裁判之后,从此亲人形同路人,互不往来。其实,大部分的民间纠纷,特别是家庭内部、亲戚朋友之间的矛盾,完全可以依靠道德和情感来调解和化解,没有必要在法庭上分高低、论输赢。在发生纠纷时,应多调动民间调解组织的积极性和参与性,多用协商、协调和调解的方法去解决。因此,诉讼不是唯一的途径。

　　此外,我们还应该清楚地认识到,实行立案登记制度,也并非"包治百病",甚至还会产生新的问题。比如,法院方面会面临业务量增大、法官人手不足等问题,如防备不周,就可能出现立案之后新的诉讼难。对此,我们应该给予充分的预判,采取有效措施予以应对,让新的制度能够为老百姓带来更多的便利,让老百姓真正从改革中获益。

(本文刊载于《河源日报》2015 年 6 月 16 日)

用"互联网+"把"河源制造"送达全球

近日,为顺应"互联网+"电子商务发展的大势,我市通过了《关于推动河源市电子商务发展的意见》。有了政策的支持,我市电子商务发展将迎来春天。

中国电子商务保持高速增长,备受各行业的瞩目。目前,电子商务在各行业应用中不断取得新突破,特别是在跨境电商、渠道下沉、母婴电商、在线旅游、短租、汽车后市场服务、医疗、餐饮等领域发展势头迅猛,大有颠覆传统营销模式的趋势。实施"互联网+"战略,最直接的受益者就是电子商务。当"互联网+"作为创新驱动发展重要内容,上升到国家战略高度时,无论对互联网产业本身,还是对传统制造业而言,都是重大利好。在此背景下,我市把电子商务发展作为重要抓手,就是推动全市经济虚实结合,全方位发展,就是在迅速抢占"互联网+"的战略高地。

我市经济发展较为落后,容易被"人穷志短、马瘦毛长"的观念所束缚。当前,我市尚有不少干部群众对电子商务不了解、不支持,有些人甚至认为电子商务是发达地区的事,我们山区市没有必要进行电子商务建设;有的把电子商务当作政府部门一厢情愿的事,认为与自己相距甚远;有的认为电子商务是年轻人的事,不愿去学习和运用;有的部门和领导重视不够,导致电子商务建设滞后。这些问题必须引起重视,加以改进,放手让电子商务扬帆起航,搏击商海。

我市提出了今年、2017年年底和2020年电子商务的发展目标,明确了电子商务发展落地对接的时间表。作为传统的企业,要敢于站到产业互联网潮头之上,用互联网的思维和手段,提升效率、包装品牌。作为政府部门,则要整合所有的渠道,从天上到地下、移动到社交、线上到线下的产品,通过电子商务平台实际应用,将"河源制造""河源创造"一步送达全球。同时,要逐步制定、完善一系列与电子商务建设有关的管理规定和办法,切实做到有章可循、有规可依,建立一套电子商务管理的长效机制。

(本文刊载于《河源日报》2015年12月1日)

助力脱贫，河源乡贤大有可为

广东省"6·30"扶贫济困日即将来临。在往年的扶贫济困活动中，有不少民营企业慷慨解囊，奉献爱心，为河源扶贫事业作出贡献。扶贫工作中，贫困地区既需要"输血"型扶贫，解决基本生存生活条件，又需要"造血"型项目的帮扶。比如，在物质资金帮扶的同时，更要有乡贤企业来河源投资，带动贫困地区更多劳动力就业，推动河源经济社会协同发展。

多年来，河源乡贤致力于创业和发展事业，在企业达到一定规模后，没有忘记回报家乡。外出乡贤回乡投资，他们主要利用河源的资源优势，有人在家乡创办水电站，有人在市高新区创办公司。乡贤们能够选择在河源投资，一方面说明他们对家乡的眷念，另一方面也说明河源丰富的资源有丰厚的投资回报。乡贤企业在发展，家乡建设也在腾飞。

虽然上一轮扶贫"双到"任务全面完成，但我们也清醒地看到，扶贫开发工作还面临很多困难和薄弱环节，我市仍然没有摆脱落后的尴尬境地，我市是全省扶贫开发重点县数量最多的地级市，全市5个县仍是省级扶贫开发重点县。新一轮扶贫开发启动后，扶贫标准提高，贫困面还比较大，全市相对贫困村有283个，相对贫困户近5万户，扶贫任务仍然艰巨。摆脱贫困仍是河源人民的迫切追求。

富贵不回家乡，犹如穿着新衫走夜路。笔者以为，如果有更多的外出乡贤心系家乡、投资回报家乡，有众多社会爱心企业的加入，我们的扶贫工作将会得到强有力的支撑。河源乡贤将企业落户河源，为家乡建设慷慨解囊，也为其他河源外出乡贤支援家乡建设作出了表率和榜样，涓涓细流终将汇成汪洋大海。在此，希望有更多的乡贤回河源投资，从河源再出发，走向光明大道。

（本文刊载于《河源日报》2014年6月24日）

走群众路线就是要带着感情为群众服务

北宋时期，政治家、文学家、史学家和诗人欧阳修的父亲是个法官，他审案非常认真，而且带着感情，如遇死刑犯，必定挑在心情平静之时，重新考量，要在不受情绪干扰情况下，寻求一条减轻或开脱死囚罪行的生路。为此，他常常彻夜寻思，有一次，他的妻子问他为何深更半夜还不睡觉？他说正在为一个死刑犯寻找减刑的证据，至今仍一无所获，眼看天就快亮了，马上就要判决了，心里很着急。如果下了艰苦的努力最后仍无所得，再判处囚犯死刑，他才心安。消息传开后，凡经欧阳修的父亲经手的犯人，家属没有不心服口服的。后来，民间为了渲染这件事，编了一个无从考据的情节，说欧阳修的父亲本来命中无子，他做的好事多了，感动了上天，上天就让他生了800年才出一个的大文学家欧阳修。

在众人的心目中，违法犯罪了，那是死有余辜的事情。越古穿今，广州市一位检察官不这么看，发起了一个名为"天祥关爱"的行动，用以救助刑事案件中陷入困境的当事人，救助对象包括被害人及被告人家属。他认为，只有对贫困刑案当事人进行有效救助，才能达到唤醒人性、消除隔阂、修复社会创伤、促进社会和谐的目的。

古今两个人的思想，目的只有一个，那就是以百姓的利益为重，百姓利益无小事。对百姓的利益进行换位思考，就会随时想到假如自己就是那个囚犯，该怎么办？假如这个囚犯是自己的兄弟姐妹、亲朋好友又该怎么办？假如摆地摊的小贩是你的亲人，你会怎么办？前来办事的又是养活你的父母，态度和服务还会这样生硬？经过换位思考，执法和服务就会富有人性化和人情味，有紧迫感，也会为自己看似合理合法却错误的做法感到寝食不安。

总的来看，我市便民利民服务总体向好。一是给群众办事的速度明显加快。以前，市民到政府部门办事，跑这个部门，找那个部门，从老城到新市区，跨江跨河越街穿巷，现在多数业务可以在行政服务中心办好。网上申请，网上发布党务政务信息，更加拓宽了群众知情权。二是党员领导干部为群众办事率先垂范。党政一把手经常深入群众来信来访第一线，与群众面对面沟通，现场办公解决问题，赢得了广大人民群众的爱戴与尊重。三是通过坚持不懈的扶贫攻坚，党群干群关系日益密切。

目前，党内存在着精神懈怠危险、能力不足危险、脱离群众危险、消极腐败危险等，存在着形式主义、官僚主义、享乐主义和奢靡之风这"四股歪风"。在去年的全国两会上，与会的九三学社一位代表说，全国一年公款吃喝的开销已达3000亿元。这个数字不明确说出来，就有点麻木不仁。当我们的国家还有大量贫困人口，还有很多群众住在危房当中，治不起病、上不起学，还有很多学生中午没午饭吃的时候，个别人却在贪污腐化、挥霍浪费，对老百姓的诉求不屑一顾，摆起当官做老爷的样子，要求治下的臣民屈服于自己的官位与淫威。群众的眼睛是雪亮的，这种官老百姓当面与他打个哈哈，一转身就戳其脊梁骨。台上说得再漂亮、报告作得再精彩都显得苍白无力。

受社会风气影响，我市一些地方党群干群关系也变得较为复杂。一些党员干部对人民疾苦漠不关心，整天想着自己的一亩三分地，党群干群关系由鱼水关系变成了油水关系，甚至演变成水火关系，个别领导干部与群众的关系演变成敌我关系，走投无路的群众不惜冒着打击报复的危险举报贪官、恶官，有的部门与民争利，引发大规模群众上访。市委严厉指出，有的干部把管理理解成高高在上，坐在办公室等着群众上门办事，没有意识到管理就是服务。高高在上的思想造成了很多衍生的干群矛盾。如一些窗口部门嫌麻烦只能刷卡不收现金，造成没银行卡的群众交费难；让群众排长长的队，熟视无睹，不怕群众久等；门好进，事难办；语言粗暴，业务不熟；行政不作为，行政乱作为；不一次性告知，让办事者跑冤枉路等，严重损害了党群干群关系。

要实现"两个一百年"的奋斗目标，到2020年使我市GDP达到与全国平均水平，就必须坚定不移地走群众路线，就必须带着感情为群众服务。一是要真正把便民利民服务当作密切联系群众的大事来抓。削减审批事项，实行商事改革。二是提高现代化的办公水平，让群众给窗口打分。三是要让明规则战胜潜规则，让权力在阳光下运行。四是善于协调不同群体之间及内部的利益关系。要树立全心全意为人民服务的理念，摒弃为个人或小集体谋利益的念头。只有感恩群众、敬畏群众，把群众当亲人，保持党同人民群众的血肉联系，才能战胜艰难险阻，实现我市经济社会全面崛起，才能让人民过上幸福有尊严的生活，才能让党群关系回归到鱼水关系。

（本文刊载于《河源日报》2013年7月20日）

建言献策篇

| 在路上 |
ZAILUSHANG

对我市实现农业产业化问题的思考

河源是山区市,基础比较薄弱,商品经济不发达,贫困面广,要把山区农业农村工作抓好,难度确实很大。对欠发达地区来讲,推进农业产业化是必然的战略选择。但怎样把理想变为现实,加快农业产业化进程,实现农业产业化目标,这是一个必须认真思考的重要课题。

一、我市山地优势明显,农业是优势产业

我市拥有丰富的农业资源。全市属亚热带季风气候,高温多雨,平均日照数为2051小时,无霜期为333—345天。有耕地面积165.63万亩,有25度以下的山坡地180万亩,拥有未开发的山坡地60万亩和未开发的养殖水面50万亩。在全市工商业不发达的情况下,农业仍然是我市的优势产业。1988年建市以来,由于各级政府和人民群众对农业都比较重视,成效较为明显。去年,实现农业总产值55.88亿元,农民人均纯收入3324元,特别是省、市、县(区)以公司加基地加农户为主要特征的,有一定辐射带动能力的21家农业龙头企业,去年作物基地化种植面积达到12.07万亩,水产养殖面积4117亩,畜禽饲养量崽猪和肉猪32.94万头、鸡鸭706.8万只。预计年收入达到6.25亿元,销售利润6015.5万元,共带动农户55216户,平均每个企业带动农户2509户,户均增加收入1760元。此外,我市还有一批上规模的优质稻基地、蔬菜基地、肉产品基地、毛竹基地、速生丰产林基地、高科技示范基地等。近年来,我市大力进行农业结构调整,发展适销对路的名、优、稀、特品种和其他经济作物,

引进和改良畜牧品种,使我市的农业从质和量上均有大幅度的提升,农业的基础地位进一步得到加强,目前农业仍然是我市的主导产业、优势产业,推进农业产业化,可以使传统的优势得到更好的升华,增强农业的整体实力,迎接加入世界贸易组织对我市农业的挑战,不断提高我市国内、国际竞争力。

二、我市农业产业化进程亟待解决的问题和应抓住的重点

(一)亟待解决的问题

1. 思想认识不足。农业产业化提了好几年了,但有些地方的领导干部在思想上仍存在模糊性和片面性,认为农业产业化就是上一批新项目,办几个龙头企业,盲目性较大,抓不住农业产业化的重点和关键环节。有的则急于解决农业小生产的分散性,把土地集中成片,搞集体统一经营。在我市大多数地方,等、靠、要的思想和畏难情绪仍比较突出。

2. 市场体系建设不健全。农业产业化主要是市场行为,市场是推动农业产业化的直接动力。但我市的市场规模小、设施差,全市没有专业批发市场和期货市场。在生产要素市场方面,劳动力、资金、土地、信息市场都很薄弱,难以适应社会发展的需要,客观上制约了我市农业产业化的纵深发展。

3. "龙头"不显。从我市16家龙头企业来看,虽然在带动农户、生产经营方面取得了一定的成绩,但有的是按照政府部门办企业的旧模式来创办的,离"政企分开、产权清晰、权责分明、管理科学"的要求仍有较大的差距。在龙头企业的资金方面,用于基础设施上的经费偏高,导致生产、流通资金不足。另外,资金的监管和落实、带动农户的机制尚待完善。特别是有的企业对"四提高一收购"的落实方面,发动农户生产的积极性高,履行合约的积极性低。

4. 配套措施不完善。受现行管理体制的制约,目前农产品的产供销、农工商、经科贸等各个环节的管理体制职能分属农业、工业、商业、科技、外贸各个政府部门,管理上形成分割。党委、政府和地方出台的政策缺乏配套的经济措施,生产、加工、销售、资金供给等方面的协调难以奏效。

(二)应抓住四个重点

1.确定主导产业。因地制宜,从实际出发,选择资源优势突出、市场容量大、经济效益明显的名、优、稀、特的品种作为主导产品。具体来说,要形成龙川以奈李、柿子为主,紫金以春甜桔、梅李、荔枝、龙眼为主,东源以板栗、奈李为主,和平以猕猴桃、白果为主,连平以梅李为主,源城以荔枝、龙眼为主的水果生产格局。此外,各县(区)还要根据气候、土壤、人才、传统产业的优势,确定水稻、禽畜、药材、茶叶、油菜、毛竹、林木等产业的发展,形成"一县数品,一镇一品"的主导产业格局。

2.办好龙头企业。龙头企业与农民互惠互利,是延长农业产业链条的基础,也是农业产业化得以实现的重要条件。虽然我市的农业龙头企业在起始阶段或多或少会存在一些问题,但对办龙头企业的决心、信心不能削弱,只能加强。

3.建设好农产品基地。以发展主导产业作为基地建设的方针,以规模经营带动基地建设,把农产品基地、主导产业、龙头企业有机结合起来,健全加工、流通的配套服务,优化产品结构,加大科技投入,实施科学管理,不断提高现有商品基地的集约化水平。

4.带动农户。农业产业化就是要带动农民进入市场,这也是检验农业产业化成败的一条重要标准。要以龙头企业为核心,通过利益共享、风险共担的机制,把分散的家庭经营纳入一条龙的生产经营体系。辐射带动农户要从实际出发,对以合同契约为关系的,要规范合同行为,明确双方的权利义务;对以市场买卖为基础带动的,要指导其建立稳定可靠的客户关系;对实行合作制、股份制共同发展的,要健全规章制度,加强管理,合理分配利润。

三、我市实现农业产业化的措施

当前,我市的农业产业化总体上处于初步发展阶段,对山区如何实现农业产业化的问题,笔者认为应当从以下五个方面加以把握。

1.提高认识,加强领导。各级领导和干部应该认识到,农业产业化的问题是我国"十五"计划时期农业和农村经济发展的重要政策取向,农业产业化必将在"十五"乃至更长时期成为经济建设的一项重大工程。各级领导部门要正确把握和理解农业产业化的本质和内涵,研究新情况,解决新问题,解放思想,实事求是,开拓创新。认识到我市的农民要持续、快速地增加收入,一举甩掉贫困帽子,实现致富奔康,农业产业化是一条切实可行的途径。要加强对农业产业化工作的协调和领导,变部门调控为综合调控,通过政府调控市场,市场牵动龙头,龙头带动基地,基地联结农户,引导农户整体进入市场,提高农业产业化的整体水平。

2. 抓住龙头,实现"四高"。龙头企业是实现农业产业化的核心。事实证明,一个好的龙头企业,就能带动一种或几种农产品的开发。龙头企业的好坏,决定着产业化经营的成败。因此,我们要紧紧扭住龙头不放松,对我市的龙头企业特别是16家龙头企业,要对其资金、资产变动、带动农户的机制加强监管,进一步完善企业的内部管理机制,实现"高标准、高起点、高质量、高效益"的目标。同时,在现有农业龙头企业的基础上,下大力气催生一批新的农业龙头企业。按照"市场导向、因地制宜、突出特色"的取向,利用经济、行政、法律手段,通过利益的诱导,促使农业开发企业和农户或其他经济组织形成龙头。此外,政府要营造宽松的政策环境,对国营和私营的龙头企业均一视同仁,为龙头企业的发展提供公平、公正、公开的市场规则和秩序。

3. 夯实基地,搞活市场。对产业化推动和带动能力都很强的信息服务体系、市场信息体系、技术体系,我市在这些方面比较薄弱。这些设施不是一两个企业可以办好,政府要把基础设施作为建设重点,加大资金投入的力度。同时,要尽快改变我市没有农产品批发市场的状况。市、县、镇要根据实际,一是抓好各种流通队伍的组织建设,注重发展各种类型的产业组织、中介组织和农产品流通大户;二是迅速在县、镇农产品富集的地方,建设农产品批发市场,市区筹建大型农产品批发市场,解决农产品难卖的问题,降低交易成本,提高产业化的流通水平。

4. 输送人才,推广科技。实现农业产业化归根结底要靠人来推广、实行。

我市每年都有大批的大中专毕业生因当地就业难而流向发达地区。要下决心选派一大批大中专毕业生特别是农科院校的大中专毕业生到基层任职，改变我市基层干部，特别是村干部的文化结构，为推广科学技术、搞好基层的各项工作提供智力支持和人力保证，要结合市、县、镇三级机构改革，把年轻化、知识化、有能力、懂管理的人才充实到村和农业企业。用可靠的人才，保障我市山区产业化的全面推行。此外，要进一步加强现有农技推广队伍的建设，使他们成为推广先进适用的农业科学技术、提高农产品科技含量的主要力量。对科技推广和产业化有突出贡献的企业家和个人要大力进行表彰，形成干事创业的良好氛围。

5. 招商引资，提高水平。紧紧抓住我国加入WTO的有利时机。增强招商引资的力度，大力引进外商参与农业项目的开发。外商参与农业项目的开发，一是可以缓解我市紧张的财政投入状况，通过让利给外商，使外商有利可图，形成他赚钱、我发展的良好局面；二是可以把外面的科学技术、先进管理经验带进来，使我们既可以看，增加可摸可触的生动实例，开阔我们的视野，启发广大干部的思维，又可以学，形成大干快上的良好势头。因此，我们山区的农业产业化，在大力提倡艰苦奋斗的前提下，应高度重视外力的带动作用，使招商引资在现有的基础上，再上一两个台阶。

（本文刊载于《现实研究》2002年第1期）

关于规范建设我市农业龙头企业的建议

农业龙头企业是农业产业化的核心。没有农业龙头企业，农业产业化就是一句空话。目前我市的农业龙头企业建设已初显成效，但存在的问题也不容忽视。我们要加强和规范农业龙头企业建设，提高它的市场竞争能力。

一、我市农业龙头企业取得的成绩和存在问题

1998年以来，各县区都积极创办了有一定辐射、带动能力的龙头企业。经过几年的辛勤耕耘，已取得了一定的成绩：一是综合效益明显提高。据统计，去年我市4家省级农业龙头企业销售收入39159.7万元，利润达到2633.5万元，向国家上交利税2051.3万元；16个市级农业龙头企业总产值6096.7万元，实现利税561万元。二是带动贫困农户脱贫。去年我市16家农业龙头企业带动农户20751户（其中贫困农户16620户），平均每个企业带动农户1735户，共带动农户增加收入5883万元，人均纯收入420元。三是促进了其他产业组织的共同发展。在省市农业龙头企业的带动辐射和积极影响下，各种类型的产业组织、中介组织和农产品流通大户应运而生。四是促进了农业科技的推广运用。各扶贫农业龙头企业均高度重视农业科技成果的转化和应用。如粤闽油柰开发公司，仅去年就举办油柰栽培、管理技术班13期，参加培训人数56100多人次。

由于我市农业龙头企业起步迟，管理措施没能很好地跟上，导致了一些突出的问题：一是产权不清，政企不分。农业龙头企业离"政企分开、产权清晰、责权明确、管理科学"的现代企业还有一定的距离,有的甚至按照过时的计划经济体制的模式来创办,企业经理由政府指派,同时还兼任行政事业单位的领导,这是无法全心全意搞好经营的。一些企业办成了某些单位的直属企业,特别是各县的生猪品改公司基本上由当地畜牧局主办,不是真正意义上的企业。有的企业名义上是股份合作公司,但董事会形同虚设,有关章程和制度亦很难落实。二是资金流失,使用不当。市财政每年扶持各县生猪品改企业的资金500万元,以种猪每头900－1200元的实物形式无偿调拨给各县生猪品改公司,各县公司再以每头600元左右的价格发放给带动的农户饲养,每带动户养一头良种猪便流失本金300元以上。现实中,就是600元优惠价向农民发放的种猪款也很难收回。一些企业投资规模大,基础设施、工作经费比例过高,导致生产、流通资金不足。有的企业一得到扶持本金,就建洋房、购小车。三是机制不全,监管困难。企业与农户的关系不紧密,合力不够。有的企业发动农民生产的积极性高,对农产品收购积极性低,挫伤了农民积极性,不利于企业的长远发展。有的农民在农产品价高时,自己悄悄地拿到市场上去卖,价低时要求保护价收购。某些企业账务管理十分混乱,看不出盈亏状况和资金投向。当然,对初生的农业龙头企业出现的问题我们不能求全责备,但对所出现的新情况、新问题要引起足够的重视与关注。

二、对规范建设农业龙头企业的对策和建议

中国加入WTO后,我们不尽如人意的农业龙头企业出路在何方?如何对这些企业进行有效的管理和运作,使其适应不断变化的国际国内形势、提高整体效益、增强综合实力?在此提出一些相应对策和建议。

(一)出台重点扶持政策

对我市的农业龙头企业,选择一批有基础、有优势、有特色、有前景的企业,作为精品进行扶持,使其做强做大,避免紧缺有限的资金化整为零。对名

不副实的企业进行淘汰、改制,这样就会形成鞭策动力,企业主就会根据自身的优势加强管理,争取入"局",因为他们知道被定为重点扶持企业就意味着企业的成绩、实力、信誉都会得到政府和部门的肯定,能争取到更多的资金和支持。选择重点扶持对象时,对企业的所有制形式要一视同仁,谁真心实意地办农业龙头企业、条件合格的就认定。每2年或3年就重新审查确认,优胜劣汰,实行动态管理。坚持公正、公开、公平的原则,接受社会监督。抓紧制订适合我市市情的农业龙头企业的优惠政策,在资金、用地、生产经营领域、出口、科研等方面制定具体的、操作性强的规定,积极支持行政、事业单位的企业转为农业龙头企业。努力探索农业保险的路子,支持保险公司按市场规则开展保险试点,积累经验后再全面铺开。

(二)按照现代企业制度建立农业龙头企业

遵循"产权明晰、权责分明、政企分开、管理科学"的原则,因地制宜,分类指导,突出重点,打破地区、行业和所有制的界限,发展多种经营形式的农业龙头企业。通过提高科技水平和完善企业内部管理,以合同契约、股份合作、保护价收购、利润返还等形式,与农户建立关系密切的利益联结机制,逐步建立大型的农业企业集团,使其发挥更大的效益。撤换一些企业主,实行政企分开,规定政府官员不得兼任农业龙头企业的业主,这是建设现代企业的一项基本要求,我们不能因为需要搞农业龙头企业而搞旧体制,从一开始就应该高标准、严要求,做法有误的一定要扭转过来。同时要加强农业龙头企业人员管理企业能力的培训,让他们掌握现代企业的一些知识,特别是要让他们知道有关农业龙头企业不同于一般意义上的企业,要树立企业与农户同甘共苦的意识、服务意识、赚钱保企业运转又合理分配的意识,做到统筹兼顾。企业要实行公司制,以法人身份与其他市场主体打交道、做生意。公司依法设立董事会,实行董事会负责制,总经理按有关规章制度和董事会决议行事,向董事会负责。

（三）营造农业龙头企业健康发展的外部环境

政府在大力扶持农业龙头企业发展的同时，要协调好各方的关系，提供优质的社会服务，让它们有一个良好的外部发展环境。一是采取"蓄水养鱼"的办法，对部门的行业收费在国家政策允许范围内做到能减则减、能免则免，坚决制止"三乱"行为，真正让利给企业。要十分注重企业与企业之间的关系，使龙头企业在良性竞争中相互促进。二是支持农业龙头企业依靠科技进步。支持和鼓励大中专毕业生到农业龙头企业工作，把他们的档案挂在人才交流服务中心，享受与行政事业单位同样的技术职称等待遇。三是提供信息、流通服务。让企业掌握更多的市场和技术信息，政府要加大对企业的宣传推介力度，不断地提高企业的知名度，扩大企业对外界的影响。帮助企业打开市场和拓展对外技术交流与合作的空间，使企业能开阔视野、吸取先进管理经验和技术、引进优良品种、自动适应市场、带动农户发展。

（四）强化利益分配机制，打造新的利益共同体

农业龙头企业十分强调企业的利益和农民的利益紧密联系，"风险共担、利益共享"是其显著的特征之一。随着我国加入WTO，国内外的市场竞争将比以前更加激烈。如果农业龙头企业仍按保护价等优惠政策来收购农产品，势必会削弱企业可能获得的最大利益，就可能在与其他企业竞争中失败，并影响到广大农户的利益。为此，政府要有意识地围绕农产品市场这个中心，把产前、产中、产后服务系于一体，以建成稳健的农商关系。农业龙头企业要借助政府的帮助和支持，把农民组织起来，把供应商、批发商组织起来，实现利益共享、风险共担，统一面对大市场。新的以农业龙头企业为中心的共同体形成，它具有产前生产规划、产中技术指导、产后市场营销的功能，包括三个方面的特征：一是产业链条清晰。从产前、产中、产后形成一个完整的服务链条，有计划地组织生产，确保农民的生产利益。二是组织上形式清晰。把政府、技术、农资供应商、批发商、农民组织起来形成一体化的组织，实现管理、监督、服务一体化的新的组织形式。三是利益机制清晰。共同体的各方均能获得各自的利益

回报。此外，加强领导，建立协调领导机制，加大资金投入仍很重要。特别是资金方面，目前离各农业龙头企业的预算仍有较大的差距，资金跟不上很容易成为半拉子企业。农业金融信贷部门要划出一定比例的贷款用于农业龙头企业的建设。同时积极利用社会资金，多渠道、多形式把发展农业龙头企业与农业对外开放结合起来，瞄准国内外市场，通过合资、合作、外商独资等形式，引进国外特别是珠三角发达地区先进的技术、设备和资金，发展一批外向型农业龙头企业，提高农业的对外开放水平。

（本文刊载于《河源研究》2002年第1期）

关于加快全市水利发展的探讨

为贯彻落实好2011年《中共中央、国务院关于加快水利改革发展的决定》1号文件精神，营造有利于加快我市水利发展的优良环境，进一步加快我市水利改革发展，本文就全市水利发展相关问题进行专题探讨。

一、主要工作成效

（一）城乡水利防灾减灾工程建设成效明显

截至2010年底，全市7宗15项城乡水利防灾减灾防洪堤工程已全部开工建设，累计完成投资83431.6万元，占总投资的69.9%，累计新建和加固堤长185.2公里，占计划应建堤长199.4公里的92.9%，在建堤长14.2公里。城乡水利防灾减灾工程建设不仅对抵御类似"6·20"特大洪灾发挥了重要的防洪安全作用，而且为打造水文化、水环境、水经济、水景观的城市水利建设理念产生了积极的效应。已建成使用的市区客家文化堤廊、东堤等已成为集防洪、交通、休闲、旅游、绿化美化于一体、融客家文化于其中的亮丽城市风景带。我市城乡水利防灾减灾工程建设不管是在规划理念、筹措资金方面，还是在建设阳光工程和质量监督等方面都走在了全省前列，连续五年（2004—2008年）被省评为全省城乡水利防灾减灾工程建设先进单位，荣获一等奖。省政府为此在我市召开了全省城乡水利防灾减灾工程建设现场会并举办研讨班学习推广我市的经验和做法。

（二）农村饮水安全逐步提高

我市列入中央规划范围内的农村饮水不安全总人口共有85.5779万人，规划总投资4.04亿元，规划建设农村饮水安全工程135宗。其中"十一五"期间规划总投资2.91亿元，规划建设92宗农村饮水安全工程，规划解决农村63.1068万人饮水不安全问题。近年来，我市高度重视农村饮水安全工作，精心组织，大力推进，我市在2006年底前投入资金5659万元建设农村饮水解困工程81宗，解决20.5万农村群众饮水困难的基础上，从2007年开始，连续4年把解决农村饮水安全问题列入市政府承诺为群众办的"十件实事"之一，全力解决农村饮水安全问题。2007—2010年，全市共投入资金29115万元，建设了92宗（518小宗）农村饮水安全工程，已解决了农村63.1068万人饮水不安全问题，占规划总任务的73.74%。2010年，全市共建设农村饮水安全工程9宗（77小宗），总投资4062.48万元，共解决农村8.5349万人饮水不安全问题，"十一五"规划任务已经完成。我市农村饮水安全工程建设成效显著，在全省农村饮水安全工程建设现场会议上作了经验介绍，得到了上级的肯定，并将我市农村饮水安全工作经验与做法向全省推广。

（三）中小型水库除险加固稳步实施

近年来，我市把水库除险加固工作当作"民心工程"和"防洪保安"的重要任务来抓，先后累计投入2.4亿元，完成了385宗中小型水库除险加固任务，取得了良好的社会效益、经济效益和生态效益。截至2008年上半年，我市已经全面完成继续实施（2003—2007年）省人大小水库除险加固议案建设任务，并通过了省的结案验收。2010年，我市积极实施118宗列入中央和省专项规划的中小型病险水库除险加固工程（其中中型水库11宗、小型水库107宗）。截至2010年12月底，上述11宗中型病险水库除险加固工程已完成竣工验收2宗，完成竣工验收自查4宗，主体工程基本完工5宗；107宗小型病险水库除险加固工程已完成竣工验收40宗，完成竣工验收自查43宗，其余工程可望在2011年上半年全面竣工。

（四）中小河流治理积极推进

我市积极推进中小河流治理工作，从2008年3月开始，在全省率先开展了中小河流综合治理规划编制工作，并于2009年8月完成规划报告上报省水利厅，是全省第一个完成中小河流综合治理规划编制工作的地级市，在全省率先拉开了中小河流综合治理工程建设序幕。2008年，全省中小河流综合治理现场会议在我市隆重召开，我市在会议上作了经验介绍。2009—2010年，我市积极推进中小河流治理项目前期工作，东源县黄村河治理工程已被国家水利部和财政部纳入《全国重点地区中小河流近期治理建设计划》，并列为我省2009年中小河流治理启动项目。另外，和平县浰江下游贝墩水小流域综合治理（试点）工程、东源县久社河小流域综合治理工程、龙川县鹤市河小流域治理工程已列入2010年省、市重点建设项目，该项目可行性研究报告已经省水利厅技术中心审查通过。

（五）机电排灌议案工程建设全面完成

我市从2004—2008年计划完成211宗机电排灌议案工程，工程总投资4019.03万元。截至2009年8月底，全市211宗机电排灌议案工程已全部建成使用。2009年4月下旬，省政府机电排灌议案验收组对我市机电排灌议案工程进行了验收，对我市实施省人大机电排灌议案工作给予了充分肯定，顺利通过验收。

（六）中央小型农田水利重点县建设项目年度任务全面完成

2009年，通过争取，我市龙川县列入了全国小型农田水利重点县进行示范建设。截至2010年5月底，龙川县中央小型农田水利重点县建设项目2009—2010年度建设任务已经全面完成，共计完成工程总投资1780万元，其中中央和省补助资金1600万元；已经加固塘坝20座、水陂64座，整治渠道255.8公里，改造渠系建筑物28处。小型灌区改造前期工作扎实推进。

（七）水力资源开发利用步伐加快及全面完成"十一五"水电农村电气化县建设任务

近年来，为加快河源地区水力资源开发，变资源优势为经济优势，市委、市政府把水力资源开发利用摆在十分突出的位置，于2003年提出了计划2010年前全市实现小水电新增装机15万千瓦以上的发展目标，出台了我市加快小水电发展的意见，并于2003年8月将水电开发招商作为重要内容在广州成功举行了河源投资环境推介会，签约了25宗水电开发招商项目（总装机容量19.8万千瓦，总投资达22.8亿元）。目前，各个水电签约项目进展顺利。其中东江干流梯级水电站建设有效推进，至2010年底已完成投产容量14.34万千瓦，完成投资23亿元，已有6个梯级电站初步建成投产，分别为龙川的龙潭、稔坑，和平的罗营口，东源的柳城、蓝口电站和市直的风光水利枢纽，在建的有龙川的苏雷坝、东源的黄田及紫金沥口3个梯级电站。截至2010年11月，我市已全面完成"十一五"水电农村电气化县建设任务，东源、龙川、和平、连平、紫金5个县顺利通过省政府验收，成为水电农村电气化县。

（八）防汛抗洪工作成效显著

经过多年的建设，我市已经建成了市三防指挥系统一期工程，完成省、市、县链接的防汛广域网。建成了全市范围内的三防PDA综合应用系统。目前，正实施防汛指挥系统二期工程"三防预警信息发布平台"的建设。防汛指挥系统建设极大地提高了我市三防指挥决策水平。同时，我市加大投入，不断充实防汛物资储备，全市共储备冲锋舟18艘、救生衣1980件、编织袋96万条、砂石料1.97万立方米，落实防汛抢险队伍3.9万人。目前，投资550万元购置冲锋舟60艘、橡皮艇75艘的项目正由政府采购中心组织实施中。在近年来我市遭遇的特大洪涝灾害中，我市各级党委、政府当机立断，立即启动抗洪救灾应急预案，全市上下齐心协力，迅速行动，全力以赴做好抗洪抢险救灾工作，取得了很大的胜利，有效地把洪灾带来的损失减少到最小限度。我市的抗洪救灾工作得到了省主要领导的充分肯定。

(九)依法治水工作稳步推进

近年来我市不断加强水行政执法工作,加强对涉水事务的行政管理,有力地推进了依法治水进程,依法行政取得了新的成效。一是采取多种形式广泛深入开展"世界水日""中国水周"和"水法宣传月"的宣传活动,进一步提高了广大干部群众的水患意识和水法制意识,促进了依法治水、管水和用水。二是大力加强了河道管理。建立了有效的河道采砂管理部门沟通协调机制,开展打击违法采砂联合执法专项行动,有效地遏制了乱采滥挖无序开采河砂行为,规范了采砂秩序。同时,大力清理整治河道,不断改善河道景观和确保行洪安全。三是依法查处了一批水事违法案件和水事纠纷,维护了正常水事秩序,营造了一个良好的水事环境。四是认真贯彻执行水利法规和水利产业政策,进一步加大了水利规费和水利建设基金的征收力度,促进了水利事业的良性发展。

二、存在的困难和问题

"十一五"期间及 2010 年,我市水利工作虽然取得了可喜的成绩,但在水利建设和管理中仍然存在不少困难和问题。

(一)水安全隐患还不同程度地存在

中小河流治理任务艰巨,特别是小流域仍处于不设防或低标准设防的状况。城乡水利防灾减灾工程依期完成压力较大。防减灾工程要求要在 2011 年汛期前全面完成建设任务,时间紧迫,但至今仍有部分县防灾减灾工程项目进度缓慢;水土保持、水生态建设形势仍然严峻,全市近 2000 平方公里的水土流失有待控制和防治。有的水利工程建于上世纪五六十年代,工程设计标准低、规模小,缺少大型骨干工程。部分已建工程设计标准偏低,工程质量有待提高。一些重点镇区的堤防工程普遍存在堤顶高程不足、堤身断面单薄、堤基渗涌严重等问题。如隆街镇在 2010 年洪水期间,镇区干堤就出现多处险情,河水倒灌街道，农田大面积淹浸，洪水所造成的损失极其严重。

（二）农村水利工程建设任务繁重

特别是灌区改造、小山塘、小陂头、"三面光"渠道等欠账很大；由于我市水利工程缺乏维修资金，致使水利工程年久失修，尤其是农村小型水利设施较为严重。不少病险工程没能得到及时除险加固，灌区改造难以全面推进，工程效益锐减。对农业水利、工程水利的传统发展模式还存在较强的依赖性。我市水利工作虽然有了很大的发展，但离建设现代水利事业的目标还有很大的差距。一些地方缺乏改革创新意识，存在"等靠要"依赖思想和"上级给多少钱就干多少事"的问题。

（三）管理体制、机制不适应

由于我市经济基础薄弱，水利行业历史欠账多，改革难度大，体制不顺、机制不活的问题仍然突出。主要体现在我市五县一区的水利局都是事业单位，根据《行政许可法》的规定，行政类事业单位不得承担行政许可职能，而牵涉到水利方面的法律就有三部，分别是《水法》《水土保持法》《防洪法》，三部法规里面很多行政许可职能都由水利部门承担。水利工程管理体制改革虽已初步完成，但要真正实现良性运行还需要做大量艰苦的工作。许多水利工程没有完全建立水利分级管理责任制，责任未真正落实到人，出了问题没能从严问责。全市水利人才总量水平较低，结构不合理，水资源管理、信息化技术、机电、地质等专业人才十分紧缺，难以适应水利现代化管理的需要。管理手段单一，过于依赖行政手段，运用市场机制、法律手段解决问题的能力有限。管理手段比较落后，对提升基层单位管理手段的措施不多，依靠水利科技创新和信息化建设应用推动管理现代化的力度不够。

（四）涉水资源保护观念仍较淡薄

先开发后治理的观念普遍存在。在经济发展过程中，对区域水资源承载能力及水环境容量的估计不足，加上经济发展方式粗放，用水效率低下，用水总量不断攀升，水污染情况时有发生。由于对水资源保护的内涵认识不够到位，割裂了水资源的质与量的客观关系，长期以来没有形成很好的水资源保护合力，水资源保护问题仍未引起全社会高度重视，生态水利的理念贯彻仍有差距。由于条块分割、责权交叉、政出多门以及水系割裂，"多龙治水""多龙管水"的局面仍然存在，涉水资源质与量的管理及保护不相协调，难以形成有效合力。水资源保护投入机制缺乏，对涉水资源保护投入不足，严重影响了涉水资源保护工作的开展。此外，河道采砂管理、岸线管理等工作盲区多，缺乏有力的监管机制，由于水政执法队伍人员不足、水政执法装备和手段落后，影响了打击水事违法行为的力度。由于水资源保护观念仍较淡薄，水资源保护理论、技术研究以及规划编制等工作没有得到足够的重视，水资源保护工作缺乏系统指导，影响了水资源保护工作的系统有效开展。

（五）重投入轻效益问题在有些地方较为突出

我市公益性水利建设项目现有资金主要来源于省、市、县三级财政按一定比例配套。我市是山区市，经济基础差，县、区政府本级可支配财力不足，对水利建设配套资金落实差、到位率低，项目主体完成后，往往因配套设施无法完成而影响到工程效益的发挥，甚至会无法进行正常的竣工验收，变成半拉子工程，产生新的安全隐患。一些水利项目前期工作质量不高、论证分析不充分，加固方案贪大求全，创新意识不强，方法保守，造成工程投资偏大。部分项目由于基础资料不翔实、分析计算比较简单，缺乏方案比选和规模论证，造成实施阶段协调处理工作量大，影响工程进展和工程效益的发挥。部分项目虽已完成，但未能达到预期效益。龙川县黄江水库在除险加固工程完成后，由于灌区配套工程未能实施，造成附近几个乡镇农田用水受到制约。有的工程总体已完成，但受到运行管理等因素影响，不能正常发挥效益或效益受影响。

三、加快水利改革发展的对策与建议

（一）大幅度增加水利建设的资金投入

认真贯彻落实好今年中央一号文件精神，多渠道筹集资金，由市委市政府牵头，认真执行中央关于"从土地出让收益中提取10%用于农田水利建设，充分发挥新增建设用地土地有偿使用费等土地整治资金的综合效益。进一步完善水利建设基金政策，延长征收年限，拓宽来源渠道，增加收入规模。完善水资源有偿使用制度，合理调整水资源费征收标准，扩大征收范围，严格征收、使用和管理……"等政策规定，特别是关于从土地出让金提取10%的规定，要制定具体的操作措施，确保中央的政策能够不折不扣落到实处。同时，要运用财政和货币政策，增加水利信贷资金。调动社会积极性，大力吸引社会资金投入到水利建设当中。

（二）积极抓好农村小型水利工程建设

坚持"抓大不放小"的方针，在全力抓好我市大、中型水利重点工程建设的同时，结合实际，坚持"因地制宜，分类指导，突出重点，发挥效益"的原则，重视抓好其他小型农田水利设施建设。积极开展小山塘、小灌区、小电排站、小陂头等小型水利设施的建设和修复改造工作。

（三）坚持防汛抗旱两手抓

认真落实以行政首长负责制为核心的各项防汛工作责任制，进一步完善主要江河水库的防洪调度应急预案，强化可操作性。掀起冬春修复水利设施的高潮，争取在汛期之前完成水毁水利工程修复任务。进一步加强"两小工程"（小型水库、小水电站）的安全检查，对违规行为和安全隐患及早整顿。高度重视台风及台风带来的山洪暴发、山体滑坡等次生灾害的防治工作，采取有效措施避免群死群伤等恶性事件的发生。加强防汛物资储备和抢险专业队伍建设，进一步提高快速反应能力。坚持防汛抗旱两手抓，在抓好防汛备汛工作的同时，抓好防旱抗旱工作，努力减轻干旱对人民群众生活和工农业生产造成的影响。

（四）加强工程建设管理

要打造廉洁、质优、高效的水利工程。主要是加快工程建设进度，严格工程建设管理，认真落实项目法人责任制、招标投标制、建设监理制和合同管理制。强化工程质量的督查，确保质量和安全。特别是水利建设资金大规模增加后，更要加强资金监管，严格专款专用，加强审计监督，打击贪污犯罪，坚决防止截留、滞留、挪用、挤占水利建设资金。

（五）努力推进依法治水工作

适应水利改革发展的新要求，全面提升水利干部职工队伍的综合素质，切实增强水利勘测设计、建设管理和依法行政能力。深化水利单位内部改革，深化乡镇水利站改革、水务管理体制改革和水利工程建管体制改革，积极争取将水利执法部门由事业单位转为行政单位。进一步开展水法规宣传普及，不断增强全民水法制观念；坚持依法行政，规范行政许可行为和行政管理行为，规范涉水项目审批管理；加强执法队伍建设，提高水行政执法能力和水平；依法治河，强化河道管理范围内建设项目的审批管理，继续严厉打击非法采砂活动，巩固河道采砂管理整治成果，维持河事稳定，确保堤防安全；及时预防和处理水事纠纷，防止矛盾激化，维护正常水事秩序。

（本文刊载于《河源论坛》2011年第4期）

关于我市省属两大水库移民问题的调研报告

根据市委、市政府的部署和要求,由市移民办牵头,会同市委政研室和市财政局组成调研组。同时还抽调东源县、新丰江库区移民办和龙川县、源城区移民办业务骨干参与,就如何贯彻落实《中共广东省委、广东省人民政府关于加快山区发展的决定》(下称《决定》)精神和在新形势下切实做好我市省属两大水库移民工作开展调研,调研从2002年10月16日开始至11月16日结束,分成两个组,同到东源县、源城区、龙川县,分组到连平县、和平县。调研组听取了四县一区主管移民工作领导的汇报,采取集中座谈和个别访谈的形式,深入26个镇(办事处)52个行政村(居委会),召开了移民机构有关工作人员和移民代表座谈会,参观了移民点和移民开发建设项目。在深入调查的基础上,进行了认真细致的研究,现将这次调查研究的情况报告如下。

一、我市移民的特点

我市的移民主要来源于新丰江、枫树坝两大省属水库。新丰江水电站始建于1958年"大跃进"时期,枫树坝水电站始建于1974年"文革"期间,由于受计划经济体制下"重工程轻移民、重电站轻库区"和极"左"思潮影响,国家对水库移民前期补偿极少,后期扶持力度又小,造成我市省属两大水库移民有如下特点。

(一)量多、面广,情况复杂。至2001年底,据统计,我市省属两大水库现有移民39990户202274人,分布在五县一区的45个乡镇(街道办事处)

245个行政村（居委会）。我市新丰江水库移民主要分布在东源县、源城区和连平县，少量分布在紫金县。我市枫树坝水库移民分布在龙川县的郑马、麻布岗等9个镇49个行政村180个自然村，少量分布在和平县。由于移民时间长（新丰江水库44年、枫树坝水库32年），出台的政策较多，且前期扶持资金少和政策没有连续性，造成移民享受的政策待遇不一。新丰江库区出现了内调、外迁、投亲靠友等多种移民情况，享受的待遇差别较大。

（二）贫穷、弱势，增收路窄。我市省属水库移民大部分仍处于相对贫困的状态。如脱贫后源城区移民仍存在不少的特殊困难户，他们的年人均收入不足1500元。埔前镇移民年人均纯收入也只有1960元，与当地年人均纯收入3400元相差1440元。东源县面上移民年人均纯收入1952元，与全县年人均纯收入3341元相差1389元；东源县新丰江库区移民年人均收入为1797元，与全县年人均纯收入也相差很大。此外，龙川县、连平县、和平县移民年人均纯收入与当地农民相比也相差巨大。多数的移民因生产条件差，主要靠有限的田地和打零工、外出务工等极不稳定的收入来维持生活。移民在社会总体中处于弱势状态。调查中发现枫树坝镇仅教丰村因贫无法娶妻的光棍汉就有36个。另外，绝大多数的移民与当地群众相处较为融洽，但也有相当一部分移民与当地群众关系较差，处于弱势状态。且目前的移民安置点、居住点大多在山边、库边、穷山恶水，附近的生存环境较差，交通不便，要在短期内大幅增加移民的收入，难度较大。

（三）诚实、善良，技能较差。移民上访问题历来是政府的一大难题。没有接触过移民群众，就容易产生"移民是导火索，移民点就是火药库"的偏见。但经过与移民接触，通过实地调研，可以得出这样的结论：移民群众是诚实、善良的。主要理由与事实：一是政府确确实实欠移民太多，移民为社会作出了巨大的牺牲和贡献。如新丰江水库电站建成40年来累计发电400亿度，对香港供水的收入巨大，产生了巨大的经济效益、生态效益和社会效益，但对移民的补偿不多。据不完全统计，建库至今，40多年来补偿移民人均不足5000元，不足的5000元当中还包括移民机构和干部的办公经费、工资。也就是说移民每年从政府手中拿到的钱不足100元/人。二是移民非常体谅政府的难处。埔前镇双头村一移民代表说，政府的资金少，要扶持这么多的困难移民，在他们村最早搞拆旧房建新房，叫他提资金分配意见也不知怎样提才好。源城区委一位领导说："我认为移民群众是非常能辨别是非，通情达理的。"三是移民群众思想稳定。大部分的移民都从报刊或电视中知道三峡水库移民的丰厚待遇，调查中没有发现移民群众漫天要价，思想情绪基本稳定，相信我们的党和政府能解决他们的实际问题，带领他们脱贫奔康，等等。虽然移民群众诚实、善良，但也存在一些通病，那就是有相当一部分人等、靠、要思想还比较明显，自力更生意识不强。

调查中，移民群众反映较为普遍的一个问题是外出务工、就业难。无论是居住在山沟里的移民，还是在外迁安置点的移民都曾反映这个问题。造成这种局面的原因关键是移民劳动力的文化水平不高，没有一技之长或劳动技能较低。龙川枫树坝镇虎口自然村一移民代表说："我小孩去了深圳，亲戚找了事给小孩做，小孩没有技术做不过来。"像乐源新村、江源新村等仍有大批没有技能的劳动力待在家里。

二、我市移民地区存在的热点、难点问题

有一首民谣形象地反映了库区的现实困难，"库区是'两缺'，呼机收一节，手机变废铁。干部下乡勉强去得，到了镇上住不得，见到移民赶快撤"。意思是说，呼机接收信号显示不完全，手机音讯全无。街镇建设滞后，如双江镇没有一间旅馆。另外，移民地区存在的问题较多，干部工作起来较为棘手。

（一）住房难。大部分移民仍住在搬迁时的"卫星房"或自建的泥砖瓦房里，早建的泥砖房已相当破旧，成为危房。"三代同房，五谷同仓"是移民缺房的真实写照。在埔前村横岭自然村，还有人畜混居现象，牛舍就在住房旁边，鸡舍在屋里，床下是猪圈。1991年实施危房改造以来，人均补助660元，只能买到2吨水泥或半吨钢材，一小部分移民因小孩读书或急病把钱用了，大部分

移民缺乏自筹资金的能力而无法进行危房改造，领到660元的群众有相当一部分只把危房简单维修了一下。枫树坝镇虎口自然村150人，绝大部分移民住在阴暗潮湿的泥砖瓦房里，泥面地上长满青苔，满目破烂疮痍。仅有一户建起一层水泥楼，还是该户人家一个漂亮女儿嫁给外地老板，由老板出资兴建的。另外，移民建房造价高，新丰江库内建房红砖、水泥、沙石等材料要靠"车载、船运、肩挑"来回搬运，每平方米造价要比市面上高出100—150元。此外，移民建房用地没有特殊的优惠政策。

（二）交通难。行路难问题严重制约移民地区经济的发展。虽然通过"两大会战"，移民地区的交通难问题得到了很大的改善，但大多数的地方村道没有实现硬底化，村与村之间，交通仍十分困难。源城区只有40%的村道实现硬底化，其他县更少。移民群众面临晴天走"扬灰路"，雨天走"烂泥路"的局面。我们调查时准备去新港镇较近的杨梅村，幸亏去时下小雨没有去成，当地群众说，如果车进去了，哪怕车是四轮驱动的也只能困在里面。枫树坝库区原有十大渡口，只配备了6艘船只，180个移民自然村绝大部分没有通机动车。

（三）用水难。表现为移民群众饮用水困难和生产用水困难。我市有37个移民村约4.5万人没有解决饮水问题，如新丰江库内6个镇仍有90%群众饮用坑沥水、库边污染水、井水。埔前横岭纯移民自然村水井里摇出的水有沙虫；东源仙塘龙利村靠近县城没吃上自来水，靠手摇井取水。群众说，现在村里的病痛特别多，一病就是恶病，主要原因是现在每户都用上了化粪池，地下水受到了污染。连平县忠信镇新下村移民，要打很深的井才能取到水，取上来的水放久了就有沉淀，盛装开水的保温瓶会形成很厚的垢，村里的人吃了不干净的水，很多人患肾结石病。最典型的是东源县双江镇直至现在，圩镇居民都没有一户用上自来水，更不用说农村移民群众了。另外，生产用水矛盾也相当突出。因大部分山塘、水库、水陂、水圳年久失修，渗漏严重，应有的作用发挥不出来，有水灌不到田里去，造成生产用水缺乏。埔前镇大塘村，水渠质量差，从18公里三面光的七礤水库引水4日，到不了大塘村。仙塘镇龙利村，县城征地破坏了原水利设施，靠抽水灌溉，增加了生产成本。东源双江镇63宗山塘水库，只有省人大议案的 2 宗得到除险加固，其余 61 宗年久失修。

（四）通信难。我市大部分移民自然村没有通邮、通信、通广播电视。主要原因是我市居住在山区的移民处在穷乡僻壤，点多、面广，居住分散，特别是"两缺"安置后，一些村庄只剩下几户人家。邮电、电信部门是企业，一个小村庄投资几万元，甚至几十万元，只安装一两部电话或建一座信号发射塔成本太高，利润甚微，无法在短期内给予解决。

（五）就医难。我市乡镇一级的医疗设备条件比较差，大多数移民村连最简单的医疗站也没有。移民群众求医问药、防病治病相当困难。龙川县郑马镇是枫树坝水库安置移民最多的镇，全镇 9 个行政村，每个村都有移民，但只有 2 个私人诊所，诊所设施很落后，只能医治一些感冒发热的简单病。新丰江库内情况更为严重，半江镇只有一位从石家庄毕业的医生，没有做简单手术的经验。库内移民遇上大病乘船要 7—8 个小时，急病如产妇租快艇要 700—800 元/次，1 个半小时才能到达市区就医。库区移民群众一户人假如有一个病号，需进市区就医，就陷入贫困之中。据移民办干部反映，库内每年都有因病医不起、不能及时医的移民死亡。

（六）读书难。移民子弟读书难，一是要翻山越岭或靠乘小艇往返水库之中，安全问题令人担忧；二是小学校舍简陋、危房多；三是学校改薄欠账多，出现建筑老板锁校门的现象，影响了移民子弟正常上课。如枫树坝虎口自然村，只有一栋旧校舍，一个老师，1—3 年级的学生共用一个教室，学生桌凳残缺不全。4 年级以上要出外求学。

（七）就业难。移民劳力无出路，就业难，以外迁安置点最为突出。源城区移民安置点，有很多青壮劳力待在家里，多数移民靠摩托载客和推板车、做杂工维持生计。每户装有自来水、煤气炉，但就舍不得用，很多移民到山边挑水回家，在屋檐下起炉子，用树枝、木柴烧水做饭。

此外，我市的大多数移民村办公地方简陋，甚至无办公地址，村委会的牌子挂在村干部家。大多数的村集体经济薄弱或完全没有收入。

三、造成我市移民贫困的主要原因

造成我市移民贫困的原因，除了主观上移民对政府的补偿和救济有一定的依赖性外，更主要的是客观上的因素。

（一）补偿少，扶持经费少。我市省属两大水库的移民，都是在计划经济体制下安置的，失去家园和土地后，移民从国家手中得到的补偿和资源很少。新丰江库区移民40多年来得到的扶持资金平均每年不足100元/人。

（二）移民安置点超负荷、超容量。一是一部分移民被安置在缺乏生存和发展条件的边远山区，库内安置超过环境承载能力，人多田少地少，粮食未能自给，靠在山岗种些茶果、木材，收入微薄。二是随着时间推移，原来的移民人口逐年增加，人均耕地减少。如东源县面上移民原有31038人，现增加63948人，原人均耕地面积0.8亩，现减少到0.53亩。除建设征用、建房、洪水冲毁，少量丢荒土地外，主要是人口增长造成人均耕地锐减。

（三）扶持方式单一、扶持力度小。过去政府对移民扶持多数属于救济性质，即使发动移民种养，也是重种轻管。据调查，下拨给移民的生产资金和种苗，只有极少数的移民能产生经济效益，大部分的原种养项目半途而废。有限的扶持经费只能采取头痛医头、脚痛医脚办法，对解决移民问题难有实质性的进展，移民问题长期得不到根本解决，是"万岁移民"形成的重要原因。

四、《决定》给我市移民带来的利益估算

今年全省山区工作会议之后，根据《决定》和有关文件的精神，我市省属水库移民经费的来源由电厂利润分成、税收返还、开征"两费"和省财政安排的专项资金组成。下面对以上四项资金我市可得到部分作个预测。

（一）两大水电厂收益分成的三项经费。根据我们初步了解估算，按1999—2001年三年平均发电量测算，新丰江电站年发电量约8亿度电，枫树坝水电厂年发电为5亿度，按新电价0.25元/度和利润二八比例分成计算，我市

可分得利润约 0.9 亿元，税收返还约 0.1 亿元 (扣除市收入部分)，"两费"征收约 0.1 亿元，两大水库合计我市可得到经费 1.1 亿元。

（二）省财政安排的专项资金。按《决定》精神，省财政每年继续安排水库移民专项资金 1 亿元不变。1 亿元的专项资金由 7 座水库分摊，大头资金在我市，估计通过争取我市可获得 0.7 亿元。

以上两大项合计，我市、县每年预测可供掌握移民经费总计可达 1.8 亿元，除不可测因素如改变水库用途等，估计实际可掌握资金约为 1.6 亿元 / 年。这是我市省属两大水库移民几十年来梦寐以求、应该得到的补偿。从某种角度上说，我市的移民真正迎来了春天，盼来了新的发展机遇。

龙川县委、县政府提出，根据省政府关于"一库一策和权责利对称"的原则，要求市委、市政府将省返还枫树坝水电厂中我市可得到的三项经费，专项用于解决枫树坝水库移民遗留问题。只有这样才能切实加快龙川县移民脱贫奔小康进程，才能在较短的时间内跟上全县脱贫奔小康步伐。

在调研中，有的干部群众担心由于水库功能的改变，发电量达不到原来的平均数，移民经费的计算基数减少，移民经费没有保障。

五、关于我市各级移民工作机构的情况

《决定》指出，"水库移民工作责任下放到属地市或县，水库移民较多的市县可单独设立水库工作机构，依照公务员管理条例，经费列入地方财政预算，严禁使用移民专项经费。乡镇以下不再单独设立移民机构"。也就是说，把原来由省直接管理的移民事务全面下放给地方政府。那么，我市移民工作机构和工作经费及管理体制就必然要摆上市委、市政府重要议事日程，加以重视和及早理顺解决。

（一）关于我市移民工作机构。长期以来，我市各级移民工作机构为解决库区移民遗留问题、维持社会稳定、发展移民生产、提高移民生活水平作出了突出的贡献。特别是库区移民办干部经常深入库区基层，艰苦工作，与移民共商发展大计，大大振奋了库区群众精神，稳定了库区民心，为促进库区生产的发展和

各项设施完善做了大量工作，使库区出现建库以来最良好的局面。我市和五县一区均设有移民工作机构，其中东源县设县移民办和新丰江库区移民办两个机构，连平县、和平县移民办挂靠在县水利局，紫金县水利局分工1名干部兼管移民工作。县（区）以下设镇移民办，其中和平县、紫金县移民数量较少，由镇委派人员管理移民事务，没有专门机构。全市现有移民工作人员875人，含离休和离岗退养人员。其中在岗737人，离岗退养27人，退休136人，干部304人，职工571人。市县移民办机关工作人员514人，各乡镇移民办工作人员361人。

（二）关于移民机构工作经费和工作人员的编制、工资。由于移民办事机构的工作人员没有列入地方财政编制，没有专项办公经费和工资拨付，多年来，此两项费用从移民经费中挤占开支，从1997年到2002年机构工作经费开支为2894.15万元，形成不合法但合理的局面。

（三）关于乡镇不单独设移民工作机构。这次调查，我们就这个问题广泛地征求了不同阶层的干部和移民群众的意见。他们认为，镇级移民办是真正情况明、业务熟、做具体工作的，如果撤销，移民工作的事千头万绪，此项职能由当地镇委镇政府承担其全部工作业务，表示无法接管、代替。移民群众说，如镇不设移民办机构，难以保证移民经费及时全额落实到农户，且会增加移民群众办事的难度。多数县主管领导说，乡镇目前存在实际困难且乡镇领导换届时间短，如果移民经费拨到镇级财政，很难保证专款专用。某县副县长说，一些乡镇实在穷，有什么钱就用什么钱，连皇帝买马钱都敢用，如他拨给某镇的1万元抗旱专款，到了镇上就花掉了，至今仍欠抽水抗旱的电费。如果移民经费镇挪用、借用了，镇干部没有贪污、进私人腰包，很难追回。

六、用好用活移民经费和解决移民遗留问题的对策与建议

长期以来，我市省属两大水库移民群众饱受生活的艰辛与磨难，《决定》给移民群众改变贫穷落后状况带来新的发展机遇。为切实解决移民遗留问题，做好新形势下移民工作，建议从明年开始总的指导思想是：以"三个代表"重

要思想为指导，以脱贫奔小康为总目标，认真贯彻《决定》精神，依靠当地党委政府组织、指导、发动移民群众，开展以改善移民生产、生活条件为重点的脱贫攻坚战，用好用活省扶持移民的专项经费。把宝贵的资金重点用于解决住房、土地问题和移民地区基础设施及扶持移民发展生产上，使移民生活逐步达到当地农民的水平。经过五年的奋斗，力争移民遗留问题得到基本解决。

（一）尽快理顺移民工作机构的管理体制

实践证明，现行的移民工作机构是维护社会稳定的重要纽带，是政府扶持移民群众发展生产、联系移民群众的重要桥梁，在新形势下仍担负重要的政府职能。而现行的移民管理体制存在比较多的问题，对此我们建议：（1）鉴于目前移民干部比较多，应根据机构改革的"三定"方案，实行竞争上岗和分流富余人员，把移民办机构工作经费和干部工资列入当地财政预算，杜绝挤占移民经费的现象。拨付一定费用妥善安排下岗分流和竞争上岗落选人员以及离退休人员。（2）鉴于新丰江库区地理环境特殊性和历史原因，建议新丰江库区移民办应予以保留，不能凭主观猜测把东源县两个移民办合并。（3）根据《决定》精神，镇级移民办事机构非撤不可，鉴于目前我市的实际情况和广大移民群众的迫切要求，建议：①将原则性与灵活性相结合，把乡镇移民少的移民办机构撤掉，并入镇政府职能。②在移民集中、人数较多的乡镇设立县移民办派出的移民工作站，工作站干部由县级移民办派出。每个站1—5人，其中移民较多、区域较大乡镇设5人，次之设4人，较少设2—3人或1人。③在镇级移民工作站不设账，实行报账制。

（二）用好用活移民经费

目前我市广大移民地区和移民群众的确非常困难，因此，必须严格按照《决定》要求，把移民经费100%用于解决移民遗留问题和扶持移民改善生活，发展生产，任何部门不得截留、占用。为发挥好移民经费的作用，用好用活移民经费，建议：

1. 因地制宜，调整资金项目安排的比例。资金项目安排，由县区根据实际，因地制宜作出按住房、公共设施、生产和二、三产业资金比例的科学安排，然后报上级主管部门审查核定。如果全市或全县统一资金使用比例，就很难因地制宜，解决移民最需解决的问题，发挥移民资金的最大效益。比如，有的地方住房问题困难突出，那么资金投放就以住房为主；公共设施差，就加大此项资金比例。不管如何划定资金使用范围，都必须按审定计划严格执行。

2. 移民经费分配要正确处理好六大关系：一是原实施的政策和现行政策的平衡关系。现在虽然比过去多了成倍的经费，但绝不能推倒重来，另搞一套扶持计划，要考虑与原来实施的政策相衔接，保持政策的稳定性和连续性。如"两缺"移民已领了840元/人的住房补贴，一般移民已领了660元/人的住房补贴，那么，现行的住房资金分配政策就要扣除其已领的部分。二是处理好五年规划与逐年实施的关系。三是处理好平均与重点扶持的关系。过去的做法是撒胡椒面，实践证明已不可取。但如果资金分配不考虑平均因素，全部资金重点扶持一个地区，就有可能造成大批移民的上访，遭到移民群众的反对。四是处理好特困移民区（库区）和面上移民的关系。资金投向要突出重点。因此，政府要着重扶持特困地区，兼顾面上移民。五是正确处理好原则性与灵活性的关系。在一库一策大的原则下，因地制宜，根据各村实际情况，具体问题具体解决。要把工作做细，做周到，把宝贵的资金优先解决移民村最需解决的问题。六是正确处理好内调、外迁与投亲靠友的关系。三者由于享受原移民待遇不一样，在新的扶持政策出台时，要妥善处理。

3. 生产资金和发展二、三产业资金五年内坚持扶强扶优，不扶弱。做到有条件的先扶，事业心强的有志者先扶。实践证明，一个地区、一个村能人带动效应不容忽视，比政府的强迫灌输要强。

（三）维持现有的拨款渠道，加强资金监督管理

据调查，现行的移民经费下拨渠道比较合理。只有维持现行的拨款渠道，按照事权与财权统一的原则，才能有利于搞好移民各项工作，才能有利于移民

经费的专款专用、专项专用,发挥移民经费的最大效益。要切实改变现在12月才拨出经费的做法,坚持每年应在6月前把移民经费拨付到县区移民生产建设项目上,才能保证移民建设项目计划的按时实施。调研时大家一致认为,如果改变资金的下拨渠道,会出现多头管理而造成的扯皮、推诿、截留和挪用等现象,增加人为的工作难度,不利于移民工作的正常开展。同时,要加强对移民经费的监督和管理,进一步建立和健全监督机制。

(四)多种途径帮扶移民

一是发达地区帮扶。紧紧抓住深圳市帮扶河源市的历史机遇,让深圳市了解河源移民的特殊困难,把深圳市安排的项目和资金向移民地区、移民农户倾斜。

二是齐抓共管。移民地区和移民群众存在的交通、通信、就医、饮水、读书难等"七难八难"问题,要与我市当地政府、群众一起争取《决定》中有关的资金扶持,力求将省委、省政府的扶持资金向移民地区倾斜。不要错误地认为移民已有专项经费,不需再追加资金,要形成齐抓共管的局面。

三是发动社会支持。移民工作是一项社会系统工程,让全社会都来关心支持移民,帮助移民脱贫奔康。

四是大力加强移民劳动力的输出和就业培训。实践证明,"输出一人,脱贫一户",劳务输出是一条快速脱贫的捷径。同时要大力加强移民富余劳动力生产技能的培训,提高他们的综合素质,拓宽他们的就业门路。现阶段宜大力加强移民、劳动、扶贫部门与用人单位的沟通联系,有针对性地进行培训,力求培训出来的学员能充分就业。

(五)进行移民待遇"摘帽"试点

调查中,我们发现一些富裕地区和外出经商的移民群众与当地群众生活水平没有多大的区别,主要原因是政府的扶持力度大,生存环境条件较好,但他们还戴上移民的帽子。因此,很有必要在条件成熟的地区进行移民待遇"摘帽"试点,通过一次性的扶持,减少享受移民待遇的人数,并以契约或文件的形式固定下来。以后条件成熟一个取消一个，不能让移民待遇"帽子"永无止境地延续下去，形成"万岁移民"。当然此项工作准备要充分，考虑要详细，要积极稳妥有序地进行。

（六）解决好投亲靠友和外迁安置点遗留问题

投亲靠友和外迁安置点享受了政府的优厚待遇，相比库区、面上移民，他们的确是幸运的。但他们存在的问题也不少，要采取缺什么就补什么的方式，有效地解决他们富余劳动力培训、就业等问题。另外，所有的外迁安置点建筑质量差，如乐源新村相当部分房屋存在不同程度的渗水、漏水，要投入适量的维修资金。对投亲靠友在外市的要与省或所在市有关部门衔接，解决其户口迁移等问题。建议对这两部分的移民试行取消移民待遇的试点，一次性解决遗留问题，让他们融入社会。

（七）其他建议

一是出台移民建房的优惠政策。主要是指办证手续费用优惠，凡居住在农村的移民在用地上采取只收税、不收费的政策。解决土地紧缺地区移民建房用地紧张问题，适度放宽审批用地范围，让移民有地建房。

二是鼓励移民投亲靠友。为减轻移民地区的社会压力，积极鼓励有条件的移民投亲靠友，给予一次性的补助资金。

三是帮助没有办公地址和年收入在3万元以下的村委会，利用多渠道解决其办公地址和大力发展集体经济。坚持一手抓移民群众改善生产、生活条件，一手抓发展壮大集体经济。

四是加大对移民群众致富典型的宣传。引导移民树立自强不息、艰苦创业的精神，克服过去产生的等靠要、依赖上级能解决一切问题的思想，认识到政府只是外因的帮助，只有通过移民群众的内因才能起作用的道理，也只有物质帮扶和精神帮助相结合，才能真正解决移民存在的实际问题。

（本文刊载于《河源调研》2003年第1期）

河源市校企合作的情况研究

我市职业教育情况怎么样？校企合作成效如何？校企合作存在哪些突出问题需要解决？在相关单位支持下，借鉴了全省21个地级以上市中职教育校企合作方面的相关经验基础上，通过深入的调查研究，提出如下我市校企合作的对策和措施。

一、校企合作的相关情况

（一）职业教育发展基本情况。2007年以来，在市委市政府的高度重视和强有力推动下，我市中职教育迎来了前所未有的发展机遇，实现了大规划、大投入、大发展，中职教育发展水平在欠发达地区名列前茅，赢得了省教育厅的充分肯定。我市现有中职学校(含技工，下同)15所，其中技工学校3所，市属7所(含2所民办职校)，县属8所。全日制在校生42117人，其中河源籍生源占98%以上。在编教职工1947人，专任教师学历达标率91%，"双师型"教师占50%。我市职业教育主要有三方面的特点：一是氛围明显好转。2007年以来实施普及高中阶段教育进程中，由于国家和省大力发展中职教育政策的推动和市委市政府优先发展中职教育理念的引领，全市上下对大力发展职业教育的认识提高，"重普轻职"的观念有了明显转变，职业教育发展氛围明显好转。二是办学条件明显改善。七年多来，全市累计投入资金近13亿元，新建扩建了河源理工学校、市卫校等一批中职学校(含河源技师学院，下同)。2015年上半年对比2006年，全市中职学校占地面积从33.9万平方米增加到133.8万平方米，建筑面积从 34.3 万平方米增加到 62.1 万平方米。目前，全市拥有"省重"中职学校 3 所，"国重"中职学校 4 所，全市中职学校优质学位占总学位的 78.3%。三是在校生规模明显扩大。2014—2015 学年，我市共有中职学校在校生 42117 人，对比 2006—2007 学年 17418 人增加了 24699 人，市内职普比从 2.5 : 7.5 上升到了 4.5 : 5.5(不含输送市外中职学生数)。

（二）校企合作制度建设逐步完善。我市按照"政府主导、学校主体、行业指导、校企共建"的思路，初步建立了校企合作理事会。以河源职业技术学院校企合作理事会为例，河源职业技术学院相继出台了《校企合作实施办法》（河职院办〔2013〕5 号）、《河职院科技特派员工作管理程序（试行）》（河职院科〔2013〕3 号）、《校企合作工作奖励办法（试行）》（河职院科〔2013〕4 号）等制度文件，使校企合作得以规范、有序和高效进行。与此同时，学校配套构建了校企合作办学理事会、二级学院校企合作委员会、专业建设指导委员会三级校企合作运行组织。各二级学院设置了校企合作办公室，专门配置了办公室主任，打通了"校、院、专业、企业"在校企合作中的良性循环通道，运行组织的完善和制度化的保障，基本实现了企业与学校顶层设计的对接，企业与二级学院在具体合作项目的对接，企业与专业在操作实施层面的对接，为"政、企、行、校"四方合作办学、合作育人、合作就业、合作的发展，提供了运行基础和制度保障。理事会常务理事成员形成了定期的交流和沟通机制，2013 年和 2014 年分别在河源职业技术学院、河源金霸建材有限公司和广东汉能光伏有限公司召开了三次现场交流研讨会，就校企合作办学的重要问题进行了讨论，在成员动态管理、创新合作模式、拓展合作内容、建设激励机制、评选先进单位和个人等方面形成了一系列的共识，为开展校企精深合作形成了共识、奠定了基础。

（三）校企合作成效初显。一是整体办学质量明显提高。我市中职学校近年来注重实训中心建设，推行理论和实操一体化教学改革，突出专业技能实操训练，让学生真正学到一技之长。同时坚持以竞赛促教学，每年举办的校级和全市中职学生技能竞赛已经成为我市中职教育一大特色，选送参加全省、全国中职技能竞赛获奖学生人次和获奖等级逐年提高。因为办学业绩突出，市卫校、河源技师学院和河源理工学校3所学校先后被国家教育部、人社部、财政部列入国家中职教育改革发展示范学校建设单位，拥有"国示"学校数在全省21个地级市中与中山、湛江并列第5名。二是校企合作坚持为地方经济发展服务。我市中职教育始终坚持"立足河源、服务河源"宗旨，近年来，我市中职学校坚持以本市"一区六园"为主阵地，大胆探索集团化办学路子，切实加强校企合作，主动服务地方经济建设发展。如河源技师学院、河源理工学校先后与西可通信、龙记集团、农夫山泉、中兴通讯等十多家大型企业建立了校企合作关系，举办企业冠名专班，为企业"量身定做"培养人才。三是校企合作促进毕业生在本地就业。通过加强校企合作、举办企业专班、开展顶岗实习、组织毕业生专场招聘会等有效措施，积极引导毕业生在本地就业。据统计，我市中职学校毕业生就业率连续多年高达98%，其中市直中职学校毕业生在本地就业人数占70%以上。以河源理工学校集团化办学为例，近年来，该校借助职教集团这一平台，已与16个企业联合举办冠名专班，其中10个企业为本地知名企业，占办专班企业的60%，分别有西可通信技术设备(河源)有限公司、精电(河源)显示技术有限公司、航嘉(河源)工业园、巴伐利亚庄园、河源市华达进口汽车修配厂等，企业专班在校生人数2600多人。已完成了与海格共建的手机维修实训中心和SMT生产线，与荣华印刷有限公司共建职业素养培训中心，与华达进口汽配有限公司共建的集汽车维修、实训、培训于一体的功能室正在建设当中，与TTS教育机构共建学前教育舞蹈室实训室也已进入洽谈中，通过校企合作使培养的学生实现毕业即就业的目标。

（四）校企合作方式不断完善。建立了产教学一体化的教学机制，推进教师企业跟岗，企业高管、师傅进校园，设立"校中厂、厂中校"，促使产教学相融合。以河源技师学院为例，一是加强校企共同招生。加大"冠名班"订单式培养力度，创办"西可手机维修""西可模具""汉能光伏"等企业冠名班22个，学生人数1087人。二是与工业园区、企业共建办学。与市高新技术开发区、罗湖（源城）产业转移园、盐田（东源）产业转移园三大产业园区合作，与园区内部分企业签订《校企双制培养协议书》，结合企业岗位需求和技能要求，共同制订人才培养计划，提高人才培养针对性。定期与企业、行业协会召开专业建设研讨会，校企共同制定技能人才培养方案，及时修订专业教学计划和教学大纲，推进专业健康内涵发展。提取企业典型工作任务融入课程教学，校企共同开发工作页，形成知行合一的课程体系。与企业技术骨干共同开展技术研发，校企共同培养师资。专业教师参与校企合作项目研发、为企业开展技术服务人数达35人，获得国家专利3个，涉及专业8个。2014年1月开始投入企业生产应用阶段，电气基础应用专业6名老师全程参与研发具体事项，为企业创造了良好的经济效益，老师们也把企业需求的最新专业技术带入课堂，为专业发展注入新活力。与西可通信设备有限公司、隆逸科技发展有限公司等企业共建实训车间，学院提供场所和设备，企业提供技术支持，学生实训效果好，参加省市技能竞赛取得了好成绩。构建了校企"双主体"管理制度和运行机制，学生在企业学习期间以企业管理为主，在校学习期间以学院管理为主，校企共同实施教学、实训和安全管理。根据国家职业标准，以综合职业能力为培养目标，构建了校、企、政一体的评价考核体系，形成了过程评价与总结评价相结合的评价制度。三是以师带徒培养技术骨干。市委市政府鼓励职业院校与企业共建"技师工作室"，通过以师带徒、结对培养等形式培养高技能人才。2014年6月，河源技师学院"维修电工、数控车工、数控铣工"3个技师工作室被成功认定为河源市首批技师工作室。技师工作室充分发挥其在教育教学、技术支持和服务、技术研发等方面的示范带动作用，通过"传、帮、带"的方式，定期开展培训学习，完成技师职业资格鉴定，为企业培养青年技术骨干。

二、校企合作存在的主要问题

虽然近年来我市职业教育取得了很大的发展和进步，河职院、河源理工学校、河源技师学院、河源市卫生学校在全省职业院校具有较大的影响力，但是全市中职教育整体办学能力和水平与珠三角职业院校相比还有较大的差距，与新常态下经济发展对技能型、创新型人才的需求还不够适应，校企合作方面仍存在如下主要问题。

（一）思想认识有待提高。一是对校企合作的重要性认识不足。一些人还没有充分认识到校企合作对高职院校来说，具有举足轻重的作用。因河源属于后发地区，属于三四线城市，经济发展相对滞后，部分企业生产技术水平偏低，属于劳动密集型产业。认为现在我市经济总量小，培养的学生主要输送到珠三角等发达地区，校企合作办学目前来说无关紧要。二是对校企合作政策性支持重要性认识不足。我市缺乏技能型人才服务本地企业、企业支持中职学院以及政府加大对中职教育校企合作方面的政策措施，甚至认为现在出台扶持政策还为时过早，如何指导校企合作有序进行较为缺失。三是还没有政府层面统一搭建的校企合作交流平台。本地各行业协会、商会、工会、职教联盟、企事业单位等团体与各职业院校缺乏有效沟通、了解，信息交流不畅通。社会保障部门出台相应政策支持校企合作，文件规定凡是办一个企业专班奖励1万元，但迟迟未能兑现，影响了校企合作正常开展，一些分散性的政策措施没有得到有效的整合。

（二）"校热企冷"校企合作有待加强。近年来，学校积极探索构建基于校企合作的办学体制机制，创新意识较浓厚，能紧密结合教学的专业设置，主动与企业对接校企合作，能按学校的初衷进行合作办学、合作育人、合作就业、合作发展，但有些企业缺乏合作诚意，存在"只摘果不种树、只挑人不育人"的思想，企业在投入、共同参与人才培养方面力度不够。部分企业处于产业链条的低端，对员工技能要求不高，对技能人才的缺失没有切肤之痛。企业普遍缺乏参与人才培养的积极性，本质上是缺乏有效的利益驱动，部分企业认为参与校企合作对企业来讲只有责任和义务，没有权利和利润，采取"多一事不如少一事"的消极态度。企业方关注点侧重于毕业生输出，对参与职业院校专业建设、课程体系构建过程的积极性、参与人数、力度都有待提升，校企双方难以找到共赢的契合点，导致学院的输出与企业需求存在较大出入，"一头热"的情况不利于实现校企供需的无缝对接。学校、企业、学生三方都希望市委市政府应着眼于现在、着眼于未来，出台校企合作的指导性意见。

（三）留在本地就业学生稳定性不高。社会、学生家庭习惯于传统教学模式，对"校企双制""工学结合"等办学模式不了解、不够支持。部分学生对企业冠名班归属感有待加强，企业为职业院校毕业生提供的工作岗位普遍是一线技术含量不高的劳动密集型工位，工作时间偏长，与毕业生在校学习的专业存在较大出入，个人职业生涯发展通道不明显，导致毕业生本地就业积极性不高。部分学生对实习、就业实际环境普遍预期高于现实，缺乏吃苦耐劳、从一线干起的精神，缺少个人职业生涯规划，或职业生涯规划发展模糊。据统计，留在本地就业学生每年基本保持在45%—58%，但就业稳定性不高，有些学生做了3个月甚至是1个月不到就辞职了。毕业生抱怨企业的软硬件、人文关怀、福利待遇等较差，说企业总想用普通工人的工资、待遇来留人。企业方面则要求政府出面留住人，企业花了大量人力、物力、时间在学校培养人，结果工作时间很短人就走了，造成人财两空，甚至误认为学生难以留住，是学生职业操守缺失，是学校教育不力。

（四）校企合作机制有待完善。一是专业结构布局有不合理的地方。每年秋季招生会计、汽修专业招生人数过多，学院专业结构调整存在较大难度。部分专业缺乏核心优势，部分专业发展不能完全跟上本地产业调整的步伐。二是部分老师教育思维、教学技术与企业文化、生产技术不合拍。大部分教师教学任务、课程改革任务繁重，身心疲惫，对参加继续教育学习、下企业实习等方面显得心有余而力不足。三是校企合作深度不够。目前校企合作的方式以信息交流、人才培养、招生招工、校内课程体系构建等为主，在高新科技项目研发、先进技术交流、现代教育改革、企业核心竞争力等领域内的双制合作深度还不够。工业文化进教育、行业文化进校园、企业文化进教室工作有较大改进空间，在新常态下学院校企合作机制有待完善。

（五）校企合作其他方面的"短板制约"。一是师资力量不够雄厚。以河源职业技术学院为例，从数量上看，专任教师417人，生师比为24∶1。教育部评估生师比合格标准为18∶1，按学校10000在校生规模计算，需要专任教师556人，缺口139人。从结构上看，年轻教师多（40岁以下教师占71%），高学历、高职称教师比例少（副高以上职称教师只占9.8%）。从专业背景上看，学校具有行业影响力的学科（专业）带头人及骨干教师数量不足。从薪酬待遇上看，由于学校教师待遇与珠三角地区院校差距较大，近几年学校流失高职称教师较多，2009年以来，调往珠三角地区高校的副高以上职称教师11人。二是资金不足。2011年秋季至今，中职学校实行了国家免学费政策，财政部门按一、二年级每生每年2500元学费标准补助到学校，三年级学生免学费资金由学校组织学生通过顶岗实习予以解决。由于免学费政策实施前的收费标准高于现行的免学费补助标准，另加上三年级学生学费无法从学生顶岗实习的劳动报酬中收取。因此，在中职教育免学费政策实施后，全市各中职学校办学经费明显不足，部分学校只能维持基本运转。目前，除了河源技师学院、河源理工学校按开设专业配备了较为先进的实训设备设施外，其余大部分学校实训设施残缺落后，无专项经费添置完善。三是专业设置不够理想。我市中职学校共设置了30多个专业，部分学校之间专业设置重复，"多、散、泛"现象突出，跟风设置专业普遍存在。目前，除了市卫生学校开设的专业具有行业特色，在全省中职学校中享有一定的知名度和美誉度外，其他中职学校特色专业、精品专业不够突出。

三、加强校企合作的意见与建议

（一）深化对校企合作重要性的认识。一是校企合作有利于培养学生的职业素养。学生的敬业精神、责任心、质量意识、团队精神在学校的教育中很难培养，只有经过实践的锤炼和熏陶才能逐渐养成。二是校企合作有助于合理分担教育投入。校企共建实验、实训项目，从而大大地节省实训设备投入，可以把节省下来的资金投入到教学改革中去，提高学校的办学质量。三是校企合作有助于建立稳定的实习基地。技能型人才的培养离不开实践环节，高职院校要想真正办出特色，除了要有良好的校内实验、实训室和教学工厂外，还必须有数量足够、水平较高的校外专业实习基地。四是校企合作有助于学生就业。高职院校的办学指导思想就是以就业为导向，学校根据企业的要求"量身定制"，学生毕业实习直接进入合作企业，缩短了到岗位后的适应期，实现了实习与就业的有机衔接。五是校企合作有利于教学改革。学校的教师和企业的工程技术人员一起讨论，共同参与制订教学计划等，使专业教学改革更有针对性。

（二）加大宏观政策指导力度。尽快出台《河源市职业教育校企合作意见》，进一步明确有关政府部门、职业院校、行业和企业参与发展职业教育的权利、社会责任与义务。建立校企合作对企业的奖励机制，保护企业的利益。同时，要充分发挥企业主管单位、劳动部门、教育部门的协调作用，建立专门的校企合作的协调机构，负责设计、监督、考核和推行校企合作。明确学校方应建立和完善弹性学制，为校企合作顺利进行提供政策依据。

（三）搞活"厂中校"和"校中厂"。一是建设"厂中校"。由企业提供实训场地、管理人员和实训条件，按照符合企业生产要求建设生产性实训基地，将校内实训室建在企业，引入企业运行机制，创建生产经营实体，在优先满足学生实训的前提下，面向社会开展技术培训和生产经营等服务项目，进一步扩大"厂中校"实习教学规模，创新"厂中校"管理方式，依托"厂中校"探索现代学徒制的培养模式。利用"厂中校"真实的职业环境，聘请企业高管作为兼职教师参与相关课程教学。考核上，由校企双方组成考核小组，对学生的综合技能和素质进行考核评价。二是建设"校中厂"。引进企业进驻学校，企业按生产要求提供建设生产车间的标准、加工产品的原材料和产品的销售，学校提供符合企业生产要求的环境、场地和设备，建立生产型实训基地。校企双方共同制订学生实习实训、员工培训及技能鉴定方案、毕业设计选题与指导方案，确定教学内容和技能要求，共同开发培训教材。三是借鉴惠州市等地校企合作的成功经验。我市完全可以借鉴兄弟市探索校企合作新思路，学习惠州市引进国际先进办学模式，扎实推进"课堂与岗位零距离对接"；学习珠海"双三元"政、校、企合作新机制；学习广州市招生即招工、入校即入厂、毕业即就业等工作方法。

（四）建立现代学徒制。现代学徒制是由企业和学校共同推进的一项育人模式，其教育对象既包括学生，也可以是企业员工，就学即就业，一部分时间在企业生产，一部分时间又在学校学习，学生和员工都可以从企业领取相应的工资。探索自主招生框架下的"现代学徒制"校企合作人才培养模式，形成企业技术骨干、员工、学院教师和学生定期、脱产互动交流的机制，实现校企资源的优化与共享。校企共同研制招生与招工方案，实现学校招生与企业招工相结合，共同做好教师、师傅师资队伍的建设与管理。培养"双师"素质教师队伍，聘请企业"能工巧匠"和"技术能手"实施弹性教学安排。通过校企合作实现专任教师与企业技术人员对接，解决"双师型"教师队伍建设问题，构建由专任教师、企业人力资源专家、企业技术人员和能工巧匠组成的校企教学研究团队和技术创新团队，共同开发和实施工学结合课程。

（五）加大校企合作经费的投入。建设学生实训基地、"校中厂""厂中校"都需要一定的经费投入。东莞市采取学生实习耗材由政府统一拨款支付，其他市也根据自身的财力，核定相关的费用。就我市而言，一是建议市政府尽快就市县两级配套资金保证按时拨付到学校。省自2015年开始将市县属中职教育免学费补助标准由原来每人每学年2500元调高到3000元，2016年继续调高到全省统一的3500元，并且对三年级实行按学生数全额补足，市政府尽快就市县两级配套资金进行研究，保证按时拨付到学校。二是建议教育费附加用于中职教育政策落实到位。根据政策规定，教育费附加按比例(30%)用于中职教育。三是借鉴相关地市划定相关经费支持中职教育校企合作长远发展。

（本文刊载于《河源论坛》2015年第4期）

加强我市村级组织建设的思考

1998年第九届全国人大常委会第5次会议通过了《中华人民共和国村民委员会组织法》，开始实行村民直接选举村干部，实行村民自治。村民自治面临着许多新情况和新问题，为切实加强村级基层组织建设，在相关单位提供材料的基础上，与部分村干部和村民进行了座谈，在综合各方面的情况进行研究后，对如何加村级组织建设，提出如下的意见与建议。

一、我市村级组织现状

（一）村级组织构成情况。全市有1251个村民委员会、175个社区居委会，2014年3月26日全市全面完成了第五届村委会和第六届居委会的换届选举任务，换届率100%。选举产生新一届村主任1426人（其中村主任1251人，居委会主任175人）、副主任1030人，成员6557人。全市村支部书记、主任"一肩挑"占96.4%（其中村委会96%，居委会99%），"两委"交叉任职比例94.9%（其中村委会94.7%，社区居委会99%）。

（二）村务管理情况。一是建立了相关的规章制度。选举制度普遍比较完善，各村都能根据有关法律、法规、政策，结合本地实际制定工作方案，严格按规定进行选举，选举有条不紊，合法合规。各村普遍制定了《村规民约》，普遍制定了其他民主管理、民主决策和民主监督制度。如民主决策制度、财务管理制度等。二是基本实行了村务公开。村务公开栏基本按省村务公开工作协调小组制定的村务公开栏统一模板进行设置和公开，村务公开工作正常开展。各县区积极开展村务公开民主管理示范创建活动,到2014年底,我市共865个村创建达标,占总数的60.7%。龙川县还开展了省级村务公开民主管理示范县创建活动。三是村级基本实现了有址办公。目前,除个别新成立的社区居委会外,其余村都有办公用房,并设有多功能活动室、警务室、人民调解室、图书室、档案室、计生服务室等设施。四是城乡社区基础设施"六个一"建设取得较好成效。2013年以来,按(粤民基〔2012〕9号)要求,扎实抓好社区基础设施"六个一"(城乡社区公共服务站、文体活动中心、健康计生服务中心、家庭服务中心、综治信访维稳工作站、小广场或公园)建设,推动社区服务的发展,目前,全市有城乡社区公共服务站72个、文体活动中心361个、健康计生服务中心263个、家庭服务中心8个、综治信访维稳工作站537个、小广场(公园)158个。五是社区公共服务覆盖率逐步提高。各村基本具备社会保障、社会救助、社会福利、文化教育、卫生保健、计划生育、健身娱乐、治安调解、信息咨询、流动人口管理等服务功能。目前,全市有星光老年之家30个,社区图书室(农家书屋)等有了新的发展。在源城区建设了居家养老中心,积极推进社区居家养老试点工作,专聘7人坚持上门开展服务。

(三)村级工作面宽线多。上面千条线,下面一根针,上级的每一项具体政策,要落到实处,说到底就是落到村级,落实到具体的人和事,村委工作概括起来是事务多、考核多、会议多"三多"。大部分村干部说,"镇委镇府叫干什么,我们就干什么"。村级工作行政化是普遍的现象,据统计,村级共承担党委、政府近100项行政性事务。每年应对计划生育、社会保障、综合维稳、护林防火等责任考核,有些还要实行一票否决。考核不合格的除要追究责任外,还要扣除工作(费随事转)经费。有一些工作明知是根本无法完成任务的,都一定要签订考核责任状。比如,新型农村合作医疗保险工作,全村参保率95%才达标。现在农村很多人外出务工,在外出所在地已经购买了医疗保险,报销不能重复,此类人一般都不在村里买,所以很难达到参保率95%的考核指标。一些村在城乡接合部、开发区周边及有公路建设的区域,要承担征地拆迁等棘手的工作考核任务。据统计,目前,村级每年要承担11项以上的考核。基层党委、政府每部署一项工作就要召开一次会议。此外，还有很多动员会、总结会、学习会、培训会，一些村干部说，镇的大会小会都要他们参加。

（四）村级经费保障情况。大部分村每年都有3万元以上集体收入，主要来源是市高新区参股收入，其次是生态公益林、速生丰产林的分成。各县对村的经费预算每年几千元到2万元不等（源城区市财政3万元，区财政3万元）。少数村有企业（矿产、电站）、门店收入等。村干部待遇各县基本一样，都是1000元左右。源城区相对高一点，月平均工资2500元左右。大部分村承接镇委、镇府的工作都有工作经费，但都与考核挂钩，达不到考核指标则扣除。

二、村级建设存在的主要问题

（一）待遇较差，凝聚力不够。村干部待遇低，源城区村工作人员月平均补贴2500元，各县村主任（支书）月平均补贴1000元左右，其他干部月平均补贴还不到1000元，达不到省要求。农村的干部说，他们拿的工资除了电话费、进村入户的交通费，待遇还不如五保户，源城五保户每月还有800元，其他县平均都有450元/月以上，病了还全报销。村委会虽有3万元以上集体收入，但工作任务多，经费严重不足，特别是各县的社区居委会，没有集体收入，财政每年拨付几千元到2万元不等，运转都非常困难。村经济基础薄弱，影响到村干部工作的积极性、班子的凝聚力。个别党支部班子能力不强，驾驭全局的能力较差，缺乏凝聚力和战斗力，在群众中树不起威信，发挥不出领导核心作用。有的村"两委"干部争权夺利，各自为政，影响了农村工作的正常开展。有些村干部作风不民主，群众意愿难以得到充分表达。

（二）执行力不够，开拓精神欠缺。有的村干部存在"干与不干一个样，干多干少一个样"的思想，工作缺乏主动性和创新性，有的村干部在处理农村具体工作中功利性、短期化行为比较突出，思想封闭保守、墨守成规，要求不严，标准不高，面对当前农村工作出现的各种矛盾和困难束手无策，放不开手脚，迈不开步子，跟不上时代的步伐。部分经济条件差的村干部，畏难情绪严重，工作主动性差，犹豫观望，怨天尤人，得过且过。有的集体经济较好的村，村干部满足于现状，满足于小富即安，小成即满，守业有余，创业不足，怕冒风险，怕担责任，缺乏开拓创新精神，不敢在已有的基础上闯新路、创大业，求大发展。

（三）村级事务透明度不高，设施建设难推进。一些村村务公开栏建设达不到省要求，村务公开及时性、全面性不够。"市农村党风廉政信息平台"信息公开全面及时，但更新迟缓。村务公开不够透明或者公开的内容过于专业化，群众看不明白，由于缺少和群众必要的沟通与交流，使群众不能够及时了解与他们利益密切相关的问题，极易引发矛盾。有些村民对村干部心存怀疑，总认为村干部占了公家很多便宜，利用集体资源、权力平台谋取了很多个人私利。缺少了透明度高的必要监督，公开不够透明，使群众对基层组织的一些决策不理解、不支持。经济薄弱的村，管理相对没那么规范，民主决策的程序不够规范，基层党委、政府及相关部门把涉及群众的行政性工作下派给村去完成，甚至有些把一些执法性工作也下派给村。有的村虽然建立了公共服务站，但实际做的大部分仍是行政性工作。各县区对村基础设施建设投入相当少，从 2012 年开展社区基础设施"六个一"建设以来，除源城区政府给每个社区投入 6 万到 10 万元外，其余县均很少投入。根据 2014 年全省基层政权和社区建设工作会议要求，到 2015 年，全省 90% 的城市社区和 50% 的行政村要建有公共服务站。也就是说我市要在 2015 年前完成 158 个城市社区和 626 个村的公共服务站建设。由于经费不足等原因，进展相当缓慢，目前只建成 72 个公共服务站，仅完成总任务的 9.2%，建设工作压力巨大。

（四）社会组织难发展，"准入制度"难实施。"企业剥离的社会职能和政府转移出来的服务职能"都应该由社会组织承接，但村社会组织缺失，这些就给村增加了相当大的压力。特别是村服务性组织、社会工作者、志愿者队伍建设举步维艰。实行村事务"准入制度"是约束各部门工作随意随时进驻村的良方，也是村去行政化的有效办法。由于一方面没有明确的制度执行主体，另一方面也没有具体的政策约束，各级各部门随意性很大，把村当成了最基层的"政府"。此外，驻村（居）单位主动关心、参与和支持社区建设还不够，村与乡镇（街道办）实际处于"上下级关系"。村与物业公司、业主委员会工作对接统筹不畅。

（五）村级贿选暗流涌动，隐蔽性强。村一级每三年进行一次村民选举。在换届选举过程中，从上到下都对村级换届选举工作进行了全程的实时监管，保证了选举的顺利有序进行。从及时发现和纠正的问题来看，仍有一部分的村，一些有参选杂念的人，特别是一些外出发了点财的老板，为了达到顺利当选的目的，不惜采取直接贿选，按家庭人口的选举票数通过代言人或相关人员直接发放现金、礼品和请客吃饭，一些村还为此形成不成文规定，谁出的钱多就选谁，在两厢情愿之下，贿选事情很少暴露。极个别的村所谓的能人明修栈道、暗度陈仓，表面上中规中矩，实质上暗流涌动，一些贿选没有浮出水面，使地痞、流氓当选。但也有一些村，房姓、宗族矛盾突出或票金发放不均引发举报，经查实后也制止了不良的行为。

三、村级问题形成的原因剖析

（一）村民自治制度实施处于初级阶段。长期以来，村一级就是社会行政的最底层细胞，行政级别几乎不列级。历史上，汉高祖刘邦曾被史学家以他出身是亭长，相当于现在的村长而受到诟病，讥讽他出身低微。到了近代，村一级也很少实行村级换届选举，一个村长做几十年并不鲜见。自1998年第九届全国人大常委会第5次会议通过了《中华人民共和国村民委员会组织法》以后，我国才开始实行村民直选和换届选举，可以说这一项工作是伟大的实践与创举，没有现成的经验可以抄袭，只能摸着石头过河，在村民自治的进程中，出现一些这样那样的问题，并不可怕，就像乌坎事件一样，只要处理及时，就会为以后的选举及村民自治提供有益的经验。去年以来，从中央到地方都非常重视村级换届选举，由党委组织和民政部门联合组成工作组，直接指导村级换届工作。虽然如此，村民自治毕竟时间不长，需要长时间的摸索，出现一些问题也在所难免。

（二）思想认识上存在误区。当前对村委会建设认识上还存在一些误区。根据宪法和村民委员会组织法、城市居民委员会组织法，村委会是村民自我管理、自我教育、自我服务的基层群众性自治组织，党委、政府部门和村不是上下级隶属关系。把工作落实到基层误解为把任务交给村委。把属地管理误解为村委会管理。"属地管理"一般是针对地方政府职责而言，村委会没有行政权力，从法律上讲，村不具备行政管理权力。部分农村党员干部见识不多，长期生活在方圆几公里的范围，他们习惯于用老办法解决新问题，不善于用新方法解决新问题，因循守旧，致使工作停滞不前。极个别村干部参选目的不纯，请客送礼，地痞流氓凭借黑恶势力或者宗族姓氏参选，他们当选以后千方百计在"权"字上做文章，把集体资产、资金、资源当成自家财产，把权力当成谋取私利的工具，中饱私囊，有的甚至把手伸向扶贫救济资金，皇帝买马钱都敢用。有的党员干部理想信念动摇，甚至腐化堕落，丧失了党员干部在广大农民群众中的先锋模范作用，给开展思想政治工作造成了负面影响。去行政化是村级自治的一个大方向，但在实际工作中，村干部充当公务员角色，没有执法证却充当执法者。源城区一位干部说，要想村级去行政化，目前来说条件还不成熟，市区扩容提质，工业园区建设，都需要征地拆迁，还有大量的日常工作需要村干部配合，如果让村干部游离于行政权力之外，很多工作无法正常开展。

（三）村干部综合素质不够高。多数农村学历高、能力强的人都往珠三角或城镇经济发达的地区流动，如所在的村资源较少，比较贫困，村外出能人极少愿意回到家乡参选村干部，于是乎出现油水多的村，为了当个村干部不惜挤破头，经济差的村，还要动员有能力的人回村参选。留在村里的人，文化水平和工作能力相对较低，对农村政策掌握不多，不懂农村基层工作程序，遇到问题不知如何处理。有的对有关政策理解片面，把握不准，断章取义。有的对如何依法履行职责理解不到位，凭经验和主观臆断开展工作。个别村干部自律意识差，方法简单，作风粗暴，依法行政、依法办事能力差。有的村干部宗旨观念不强，服务意识淡薄，利己思想严重，甚至违法违纪，影响了村干部在群众心目中的形象。

（四）管理机制不够完善。村民自治管理时间不长，需要在工作过程中对出现的问题进行长期的跟进，发现问题及时处理。目前村级基层组织制度建设不够健全，缺乏针对性、可操作性，工作随意性较大。能够上墙的制度，落到实地的都不够好，有的甚至形同虚设。管理机制也不配套，上级党组织对不履行职责和存在这样那样问题的基层党组织成员多是进行批评教育，要对一个村的村长进行调整，是一项程序复杂、较为麻烦的事情，对那些经教育不改却又达不到党纪国法处理的干部束手无策。

（五）村集体经济比较薄弱。目前全市多数的村经济基础较差，村级基础设施建设、村道维护、民生福利、小水利等支出较大，我市多数村办公经费基本达到3万元/年，但与村的支出相比，显得过于单薄，稍为搞一点村的民生福利建设，财力就捉襟见肘，真正是勒紧裤腰带过日子。按照省委的要求，村干部补贴需达到1300元/月，所需资金由省、市、县区三级按比例配套。目前，省市配套资金已经落实并下拨到各县区，但仍有少数县没有严格按照省市文件规定的标准落实配套资金，有的县下拨的村级办公经费仅有5000元，与省的要求还有很大的差距。

四、加强村级基层组织建设的对策和建议

（一）建班子。一是推荐和选拔好村干部。把思想政治素质好、真心实意为群众服务的人选进村级领导班子。根据我市村级能人多外出经商、不在村居住或不肯为村服务的现状，特别是村级一把手的人选，驻村驻队工作人员要有刘备请诸葛亮出山"三顾茅庐"的精神，登门求贤，动之以情，晓之以理，让优秀人才到村工作。真正按市委提出的"选好一届受益三年，选好一人受益全村"的工作目标，将班子配备好。二是软弱涣散村党组织继续实行"456"工作法。通过选派4类干部、组建5支队伍、落实6项措施，使问题特别突出村和软弱涣散基层党组织由后进变为先进。选派4类干部是指选派市县党政领导干部挂点包村、选派"第一书记"挂职帮扶、选派专职指导员指导党建工作、选派大

学生村干部协助整顿。组建5支队伍是指市县单位派出骨干力量组建驻村工作队，集中人力财力物力进行帮扶；发动机关工作人员和党员律师、会计师、医生等专业人员组建党员志愿服务队，到村帮助解决各种专业问题；发动外出乡贤组建外出乡贤帮扶队，推动乡贤智力回乡、资金回乡、信息回乡；组建"我们身边的村支书"宣讲队，筑牢为民务实清廉理念、坚定整顿信心；组建整顿工作督导队，强化督促指导，确保各项任务落到实处。落实6项措施是指开展一次深入摸底，找准存在问题；建立一本整顿台账实行动态管理；举办一期党组织书记培训班，提升工作能力；建立完善一套制度，推动规范运作；培育一个集体经济项目，增强发展后劲；解决一批民生实事，确保群众满意。三是高度重视选聘大学生村干部。开展规范化选聘，确保大学生村干部"选得优"。提供人性化服务，确保大学生村干部"下得去"。实施精细化管理，确保大学生村干部"待得住"。进行立体化培养，确保大学生村干部"干得好"。落实多元化政策，确保大学生村干部"流得动"。四是开办村干部大专学历教育班。为提高村、社区"两委"干部的文化素质和工作能力，增强村级党组织的战斗力，进一步推动社会主义新农村建设，继续出台激励政策，注重激发动力，探索一条依托本地高校教育资源提升村干部学历的新路子。如每名村干部参加大专学历教育三年学费由市县财政支付，学员只需承担约三年书费和报名费，在换届选举时，优先推荐在读学员作为村、社区"两委"班子人选。

（二）定职责。凡属于政府的行政事务均应由有关部门组织实施，属于党委、政府部门的工作，应首先要做好，不能把一些本应由职能部门承担的工作简单地交由村委会承担，让各自的职能回归本位。抓好村级基层组织建设，关键是从转变思想认识抓起，探索设立村级事务准入门槛。认识到村协助党委、政府部门开展一些群众性工作，而不是代替政府去完成由其职能部门应完成的工作。因此，需要基层党委、政府切实转变思想认识，加强村委会自治，正确发挥村自治功能。《村民组织法》规定："乡、民族乡、镇的人民政府……不得干预依法属于村民自治范围内的事项。""乡、民族乡、镇的人民政府干预依法属于村民自治范围事项的，由上一级人民政府责令改正。"要严格按市委办、市府办《关于加强和改进村民委员会建设的实施意见》（河委办发〔2014〕2号）关于"县（区）政府指导乡镇（街道）全面清理和废止与村委会签订的行政责任书，改为"依法委托管理"或"购买服务"协议书。清理和规范政府部门面向村委会开展的检查评比达标活动。《村民组织法》规定："乡、民族乡、镇的人民政府对村民委员会的工作给予指导、支持和帮助。"《广东省关于加强和改进村民委员会建设的实施意见》（粤办发〔2011〕22号）规定："乡镇（街道）指导、支持、帮助村委会开展工作，依法保障村民自治。""各地各有关部门要高度重视村委会建设工作，积极推进村民自治，坚持把村委会建设列入重要议事日程，纳入经济社会发展规划、党政领导班子绩效考核内容。建立县（市、区）党委书记抓村委会建设责任制。"因此，要明确县（区）、乡镇（街道）党委、政府是基层组织治理的责任主体，把村委会基础设施建设、服务体系建设、规范化建设、经费保障制度等列入县（区）、乡镇（街道）党委、政府的考核范围。

（三）强经济。我市在千村脱贫实践中创造了非常好的战果，真所谓一策解脱千村困。随着经济的发展，民生福利事业建设的加大，原来每个村3万元的要求不能满足村级事业发展了，因此，要继续完善和探索致富的新途径或新办法。一是充分盘活土地资源。抓住市农村土地承包经营权流转试点契机，按照"自愿、依法、有偿"的原则，探索农用土地流转，由村成立合作社，在稳定土地承包关系的前提下，村合作社集中经营，组织规模化、生产专业化、经营市场化，发展特色农业。采用村企合作的方式，进一步提高土地经营效益。二是盘活存量增加资产收入。鼓励有条件的村利用土地建厂房出租，引进外资办企业、酒店等，盘活存量资产，通过物业的租赁经营来增加集体经济收入。三是大力发展乡村旅游。积极创办农家乐、餐馆、招待所、度假村、休闲观光农业、娱乐场所等经济实体，通过吃、住、行、游、购、乐，增加村集体的资源开发收入和经营服务收入。四是大力发展农村农民专业合作社。引导有条件的村利用本地资源或区位优势，围绕产前、产中、产后服务，成立农民专业合作社，对成立的农民专业合作社加强引导，加强服务，提供政策、资金支持，让其发展壮大。

（四）保运转。市委办、市府办《关于加强和改进村民委员会建设的实施意见》（河委办发〔2014〕2号）规定："要将农村基层集体组织经费补助资金列入年度预算，并由各级财政对年集体经济收入3万元以下的相对贫困村每个每年共补助2万元基本办公经费。建立村干部待遇自然增长机制，逐步提高村干部待遇水平。建立健全村干部基本社会保险制度和绩效奖励制度。"因此，要进一步加大对基层政权组织体系建设的投入力度，将村工作经费、工作人员补贴、村服务设施以及信息化建设等经费纳入财政预算，并形成与经济社会发展同步增长机制。

（五）抓机制。一是恢复市社区建设领导小组。我市原来由市委副书记任组长的社区建设领导小组于2011年机构改革时清理了，后成立河源市社区联席会议，由市民政局局长任召集人，2012年改为由市政府副秘书长任召集人。建议恢复市社区建设领导小组及其办公室，组长由市领导担任，统一管理协调社区事务，统一领导制定社区政策，统一规划社区建设发展和民生服务。二是完善各项制度。完善以直接选举、公正有序为基本要求的民主选举制度。完善以村民会议、村民代表会议为主要形式的民主决策制度。完善以自我教育、自我管理、自我服务为主要目的的民主管理制度。完善村委会日常工作、财务管理、学习教育和廉洁自律等制度，切实加强村委会内部管理。不断改进和完善村主任离任审计工作，形成有效监督力和约束力。建立健全村级财务收支预决算制度、财务开支审批制度、民主理财制度、财务审计制度和集体资金、资产管理制度等。同时，要加大打击村干部挥霍公款，收入不入账，侵吞扶贫济困款、救灾物资、抢险资金的力度，真正做到让百姓放心、群众满意。三是加强村务公开常态化管理。确保工作目标执行情况每年公开一次，一般事项每季度公开一次，涉及财务的事项每月公开一次，群众普遍关心的事项及时公开，同时要在农村党风廉政建设信息平台公开，保障农民群众的知情权、表达权和监督权。充分发挥村务监督委员会的作用，落实村务监督委员会成员的补贴。每个村按照"广东省村务公开栏统一模板样式"标准进行改造升级，建设固定玻璃橱窗式"村务公开栏"。创造条件建立覆盖村全部服务管理功能的村综合信息平台，做到数据一次收集，资源多方共享，实现省、市、县（区）、乡镇（街道）、村连通互动的村信息网络。优化整合各类村服务资源，通过社区网络、呼叫热线、短信平台、服务网络中心、信息服务自助终端等形式，为村民提供全方位、零距离的服务。提高村委会办公自动化水平和信息技术运用能力，减轻工作负担，提高工作效率。

（六）转作风。建立乡镇（街道）领导干部驻点直接联系群众制度，坚持联系群众更直接、全覆盖、常态化、制度化原则，固定联系人员、联系时间、联系地点，通过实行群众事务党员代办制，开展"民情恳谈会"、走亲戚工作法、带信访人上访、村干部和党员主动入户访谈、"三进三服务"实践活动等模式，多倾听群众的呼声、多了解群众的需要、多为群众办好事实事，提高党员干部服务群众的水平和能力，实现基层组织从管理型向服务型转变，彰显党员先进性，进一步密切党群干群关系。主动发现和调解邻里矛盾纠纷，大力弘扬优秀客家传统伦理道德，营造和谐村民关系和文明村风，充分发挥宗族在农村事务管理中的积极作用，引导宗族势力为村民公共利益服务，让村级基层组织真正得到群众的认可和拥护。

（本文刊载于《河源论坛》2015年第2期）

建立和完善我市选、用人机制的探讨

为了配合市委、市政府进一步实施人才强市战略，市委政研室最近开展了河源市用人机制的调研。调研得出如下结论：河源的领导干部、干部人才队伍主流是好的和比较好的，但存在一些非常突出的问题，应加以重视和解决。

一、我市领导干部、干部人才队伍的现状

市委组织部最近统计的资料显示，至今年 6 月 30 日，全市干部总人数为 62478 人，其中市直副处以上单位在职干部总数 3811 人；全市在职处级干部总数为 631 人，其中市直处级干部 464 人（含处级女干部 29 人，占总数的 6.2%）；全市在职科级干部总数为 5666 人，其中市直科级干部 1453 人（含科级女干部 253 人，占总数的 17%）。

（一）文化结构情况。从全日制教育学历的情况看，河源市干部队伍的文化水平总体偏低，全市在职处级干部中，研究生只有 3 人，占在职处级干部总数 0.47%；大学本科 30 人，占 4.75%；大专学历 71 人，占 11.25%；高中、中专学历 527 人，占 83.5%。全市在职科级干部中，研究生学历为空白；大学本科只有 259 人，占 4.6%；大专学历 627 人，占 11.1%；中专以下 4427 人，占 78.1%。从全市处、科级干部队伍全日制教育的情况可以说明，河源领导队伍文化起点是比较低的。

（二）年龄结构情况。我市领导干部队伍年龄梯次搭配不尽合理，处级干部中的中、青年干部较少。全市在职处级干部 35 岁以下只有 18 人，占 2.9%；

36—40 岁 89 人，占 14.1%；41—45 岁 141 人，占 22.3%；46—50 岁 179 人，占 28.3%；51 岁以上 204 人，占 32.3%。全市科级干部年龄结构趋向合理，40 岁以下 2426 人，占 42.8%；41—45 岁 1226 人，占 21.6%；46—50 岁 1221 人，占 21.5%；51 岁以上 793 人，占 14%。

（三）我市的领导干部、干部人才队伍的主流是好的。主要突出表现在以下三个方面：一是有一定的政治理论水平。虽然，我市的领导干部有些文化起点偏低，但是通过多种途径不断学习，不断深造，理论水平、决策水平、领导能力、业务能力有了较大的提高。据统计，全市在职处级干部中，通过在职教育，获得研究生学历 74 人，占 11.72%；获得本科学历 106 人，占 16.79%；获得大专学历 359 人，占 56.89%。全市在职科级干部中，通过在职教育，取得研究生学历 88 人，本科学历 523 人，大专学历 2847 人，中专学历 423 人，分别占 1.6%、9.2%、50.2%、7.6%。二是有一批干事创业的骨干力量。我市经过多年的努力和拼搏，社会和经济的发展取得了长足的进步，涌现了一大批能干的领导干部和中坚力量。三是建市至今共引进了人才 3000 多名，为今后引进、使用人才工作打下了基础。

二、领导干部队伍和用人机制上存在的主要问题

（一）选用人方面存在的问题

首先，源头上存在少数人选人。从 1999 年至今，我市颁发了选好人、用好人、管好人方面的文件多达 20 个，但用人问题仍然相当突出，其主要原因是少数人在选人，主观随意性大，极易造成用人失误。有的单位提拔或调进干部连副职都不知道，有的县区选用重要部门的干部，由主要领导定人选叫组织部门去宣布。其次，选人的视野不宽。建市以来，市直的干部基本上是由县、乡镇调来。有的原来是职工，后来转干；有的连职工也不是的社会闲散人员，洗脚上田混进了干部队伍，甚至成为领导干部。最后，对干部重提拔任用，轻教育管理。谈话制度、诫勉制度、考核制度、辞职制度、民主生活会制度、请示报告制度、

收入申报制度没有很好执行，只是象征性搞一些培训教育，往往是出了大问题已来不及教育。

（二）领导队伍方面存在的问题

理论素养较差。从文化结构可以看出，大专以上国民教育的干部较少，初中学历偏多，有的领导干部连普通话都不会讲。有的干部理解党的路线、方针、政策、纲领、理论、文件的精神实质产生认识偏差。

驾驭市场经济的能力不高。河源的多数单位一把手是本地人，很多从小县城成长，有一部分还是洗脚上田的干部，绝大多数干部没有从事经济工作的经验，没有驾驭市场经济的能力，有些一把手还有"武大郎开店"弊病，有时会害怕单位优秀的人才发挥水平，怕功高震主，有的甚至不惜一切手段将超过自己的人才闲置不用或压制下去。

领导水平不高。部分领导干部的领导方法、领导艺术、领导行为都存在一些问题，缺乏开拓创新的能力。往往是用会议来贯彻会议，用文件来贯彻文件，出台的文件与上级文件差不多，没有切合自己实际的新东西。

存在官僚主义。表现为工作布置的多，检查督促的少。即使检查也是走过场，流于形式。有的地方和部门片面理解"发展是硬道理"，重速度、轻效益，盲目上项目、铺摊子，有的重当前而轻长远，有的重眼前小利而轻可持续发展，给国家和人民利益带来损失。有的领导对自己分管的人员、工作心中无底，一问三不知。

服务意识不强。群众说，现在不怕局长处长，就怕部分实权派的科长，部分掌管人、财、物的实权派科长还存在吃、拿、卡、要的现象。有两个事例，一是某单位刚参加工作的某同志去办事，某单位科长一次说请示，一次说要研究，多问一句还遭其一顿臭骂，结果是给了好处才把事情办好。二是某同志从深圳到河源来办事，手续齐全，符合规定，盖个章下去就是了，但某单位的科长说要研究，并"热情"地留下家里的电话号码，说有不懂的地方多联系。某同志后来没办法，只好去找该科长的局长才把事情办好。

（三）发展环境存在的问题

补贴津贴标准低。据人事部门提供的数字，河源干部、职工的生活待遇相对太低。以正厅干部为例，我市各项补贴津贴合计1059元，省直5700元，相差4641元；省直新参加工作办事员补贴津贴合计1550元，我市正厅干部与其相差491元；惠州市正厅干部的各项补贴津贴合计3990元，我市正厅干部与其相比差2931元。

引进的人才难留住、难发挥。河源是贫困地区，人才匮乏，太需要一批德才兼备、视野宽阔的外地人才，如果满街都是河源本地话，河源是没有希望的。河源容人留人的事业载体和爱才、用才的氛围缺陷，导致引进的人才难以甩开臂膀干出成绩。建市之初，河源引进了3000多人才，至今流失2000多人。

狭隘的地域观念。市直副处以上124个单位中，同一单位同一地方人占了30%以上的有90个，占总数的72.58%，有的单位同一地方甚至高达57%。这一组数字说明，一是选人用人的视野狭窄，二是存在一定程度的用人唯亲、任人唯私，即对自己有私利就用。

三、对策和建议

十六大报告指出，要努力形成广纳群贤、人尽其才、能上能下、充满活力的用人机制。要形成风清气正的用人机制，要形成激励上进、催人前进的用人机制，主要看市委的决心，决心大肯定能选好人、用好人。现结合我市的实际，提出如下对策和建议：

（一）两手抓领导干部素质的提高

一手抓选拔关。领导干部的选拔任用，除实行委任制之外，可以推行考任制和聘任制，重点抓好考任制的落实。选拔干部既看学历、文凭，又不迷信学历、文凭，既要通过一定的考试，又不能当作唯一的途径。因此，市委同时抓好委任制和聘任制的落实，就能够避免考任制带来的一些负面影响，在关键岗位、特殊行业可灵活运用这两种方法，避免从一个选用人极端走向另一个极端，从而更全面地选好人、用好人。

一手抓培训关。关键的措施是增加财政对教育培训经费的投入，抓好在职培训教育。在职培训从"四个结合"抓起：一是脱产培训与短期培训相结合。从市、县两级抓起，实行分级培训，分级管理。二是本地培训与走出去培训相结合。走出去培训，主要是利用深圳市挂钩扶持河源的机会和深圳市有关领导的承诺，作为深圳智力扶持河源的项目。三是境内培训与境外培训相结合。河源在短期内出国留洋人才很难引进，办法之一就是把本身的干部送出去见识学习，增长才干。四是在本岗位任职锻炼与到帮扶市挂职锻炼相结合。

（二）两手抓人才队伍建设

一手抓本地人才的开发、使用、提高。河源本地人才全日制学历整体偏低，但都有上进心、进取精神，通过培训学习，有相当大部分取得了高一层次的学历，此种风气应大力倡导。另外，河源也有一部分本地人才对家乡的建设情况熟、底子清、热情高。抓本地人才的开发，要重点办好河源第一所职业技术学院。

一手抓引进高学历、高职称、高技术人才。抓人才的引进，要吸取建市之初饥不择食的做法和教训，引进人才要有一定的载体，没有载体，引进的人才闲置，会引发一系列的社会矛盾。本地人才可以放低一个门槛，比如学历方面，有大专以上学历就可以了，不然就业问题就会成为越积越重的社会问题。

（三）实行两个确保的用人策略

确保稳定的用人策略。为稳定大局，建议采用"四个一"的用人措施：留住一批功臣人才，这些人才为河源的发展立下汗马功劳，又没有犯大的错误，要留下来；留下一批德高望重的人才，这些人才在群众中有一定的威望，心术正，可为市委所用；依靠一批人才，有一定能力，肯干事的重用；处理一批群众公愤大有劣迹的人，坚决刹住歪风。

确保用好干实事干大事的人才。重点用好全市631个处级干部和5666个科级干部中"以实为首、以和为本、以干为乐、以廉为荣、以绩为准"的优秀人才。建议市委摸清、掌握在工作岗位上苦干实干、一心扑在工作上，不屑钻营，有魄力、有能力的人才状况，在不违反《党政领导干部选拔任用工作条例》的前提下，各单位要重用全日制大专以上学历的干部。

（四）营造两个用人的良好环境

营造良好的用人大环境。重点是多途径、多办法解决干部职工补贴、津贴偏低的问题。只要市委、市政府能想一些办法，这个问题的解决应该不成问题。

营造良好的用人小环境。首先，宣传部门要组织新闻媒体，提出"同心同德努力拼搏，共创河源美好明天"口号，产生新客家、老河源人的亲和力。其次，建立激励机制。如对引进硕士学历以上的人才，政府应送一套住房，服务年限满10年后，此房产产权归其所有；对从事某一前沿学科、高新技术领域科研的技术人员，政府应给予适当的科研经费。此外，设立政府直通电话，让人才遇到困难可以反映，有人受理。

（五）加大"公推、公选"两个力度

加大公推的力度。要以市委提出的"以实为首，以和为本，以干为乐，以廉为荣，以绩为准"的"五以"标准进行，特别是以绩为准，对做出成绩、有突出贡献、群众推荐公认的人大胆使用。加大公推选人的力度，稳步推进公推制度，是防止少数人选人的一剂良药，是预防跑官要官、用人腐败的特效药。

加大公选的力度。每年要拿出一定数量的领导职数，特别是要舍得把最有吸引力的岗位拿出来，向社会公开选拔聘用，使之形成一种重要的科学的选人用人制度。此外，进一步完善任前公示、任前谈话、任前培训制度。

（六）坚持实行"交流、轮岗"两个制度

凡在重要岗位任职 5 年以上的就要交流、轮岗，特别是单位一把手在同一单位任职的时间不能太长，以避免产生权力垄断、同宗同亲同乡集中和腐败的现象；同时又对领导干部适应各种工作需要，熟悉各方面的情况大有好处。交流轮岗，可以是单位与单位之间、单位科室之间交流轮岗。河源不实行交流轮岗，很多问题逐渐暴露出来，也不利于干部的成长。

（七）打好培养选拔干部人才队伍的两个基础

针对河源人才干部队伍存在的问题，本着对河源 300 多万人民群众负责，对河源的发展和未来负责，着手从基础抓起，通过坚持不懈的努力，逐步建立起高素质的人才干部队伍。

一是搞好人才规划汇编。用什么人，缺什么人才，河源具备哪些人才，自己心里要有一本明白的账。因此，需要摸清情况，通盘考虑。要按照《党政领导干部选拔任用工作条例》的要求，根据河源社会经济发展的需求，结合河源当前的干部队伍状况，搞好人才培养、领导干部选拔任用的规划，重点是做好党委主要工作部门、政府主要经济工作部门的人才配备、领导干部的培养选拔和任用的规划汇编，且这个规划汇编要结合河源市经济社会的发展进行修编。

二是抓好公务员队伍的进人关。坚持凡进党政机关的公务员都必须考试录用，通过逐年的选拔和培养，从根本上提高公务员干部队伍的整体素质，为河源的发展和壮大打下一个坚实的基础。

（八）加强和完善领导干部两个方面的管理

建立和完善领导干部的考核制度与考核体系，可以使领导干部增强工作责任心和事业心，可以使领导干部形成忧患意识和危机感。建议市委在已有的考核制度的基础上，进一步建立和完善领导干部考核制度与考核体系。

一是对领导干部实行定期考核。考核的内容主要是经济、社会、科技的发

展情况和计划生育及社会综合治理的工作表现等。建立一套既按照中央和省委、省政府的要求，又符合河源实际的考核体系。考核制度和考核体系的制定，应将定性考核和定量考核结合起来，并配以考核的实施细节，以使考核制度和考核体系更具科学性、合理性、权威性和可操作性。应将定期考核结果作为对领导干部任用、提拔及奖励的重要依据。

二是设立巡视工作机构和巡视人员。建议市委设立巡视工作机构，并在离岗退养的处级干部或已退休的部分厅级干部中挑选一些公正廉洁的人员组成巡视工作组，以使党内的监督管理机制更为完善健全。巡视工作组的主要任务是针对县处级领导班子、领导干部特别是县区党政一把手、市直单位一把手贯彻执行党的路线、方针、政策、国家法律法规、廉政勤政；贯彻执行民主集中制、选拔任用领导干部；贯彻执行市委市政府工作部署等情况进行监督检查。把一些不正之风和腐败问题解决在萌芽状态之中，确保党风纯正、政心顺畅、民心凝聚。

（本文根据河源市委指示精神开展专题调研，为当时选人用人提供了翔实的决策依据。2003年8月12日）

推动河源市农村综合改革的意见与建议

农村综合改革是党中央、国务院在我国经济社会发展进入"工业反哺农业、城市支持农村"新阶段,为巩固农村税费改革成果,推进社会主义新农村建设,加快城乡统筹发展,全面建成小康社会作出的又一重大战略决策。去年以来,省委、省政府提出了按照"试点先行、积极探索、积累经验、逐步推广、打造亮点、形成特色"的决策部署,要求加快全省农村综合改革,根据省委、省政府工作思路和要求,我市认真贯彻落实了稳步推进主体功能区划、简政强镇事权改革、社会综合服务网络平台、农村集体三资监管平台、农村金融保险服务平台建设等工作,农村综合改革扎实有效推进,但在实践中还存在一些困难和问题,需要进一步加以解决和完善。

一、当前农村综合改革推进的情况

(一)建立健全山区县农村综合改革各项工作机制。我市建立了农村综合改革工作联席会议制度,由市委书记亲自挂帅。各县也相应成立了以县委书记任组长的领导小组,出台了配套措施。市县党政一把手亲自挂帅、亲自研究部署,主管领导加强工作指导,深入基层调查研究,做到理清思路,找准着力点和突破口。市和各县都完善了党政一把手负总责、分管领导具体负责、班子成员和各部门协调配合的工作制度,推动各级牵头单位和有关部门加强协调配合,有序推进各项改革工作。市建立了山区县农村综合改革工作督促考评机制,定期开展考核考评,加强日常检查指导,确保工作落实到位。我市还派出两个督查考评组,通过听汇报、查阅资料台账、实地察看等方式,到各县区督查考评全市的山区县农村综合改革工作,并将考评情况予以通报。

(二)借鉴"云安经验"实施主体功能区建设。借鉴云浮市"云安经验",按照主体功能区规划的要求,科学推进主体功能区建设。结合资源承载能力、现有开发强度和未来发展潜力,对全市乡镇进行了统筹规划,严格把关,科学划分功能。各县把乡镇按优化开发镇、重点开发镇和生态发展镇划分为三大功能区。形成"功能互补、错位竞争、有序竞合"的发展格局,使经济发展从无序竞争向有序竞合转变,从粗放发展向集约发展转变,改变"镇镇开发、村村点火"的无序发展状况。各县都按主体功能区划分,建立健全相应科学考核评价体系、政绩考核机制,科学设置不同指标和分值权重,把考评重点放在功能履职上来,使乡镇政府从管理型向服务型转变。按照"省级财政以奖代补、市级财政定额支持、县级财政全额保障"的要求,建立健全了生态发展镇和村级组织的财力保障机制,把生态发展镇正常运作所需经费纳入年度财政预算,全额予以保障。从2012年起,我市财政每年都下拨了市级补助资金440万元,对每个生态发展镇给予10万元的定额补助。各县也建立了财税共享机制或生态补偿机制,确保每个生态发展镇每年正常运作经费不少于160万元。同时,各县加大了对村级组织运转经费的补助力度,制定了《农村基层组织工作经费保障实施方案》,建立了村干部补贴、离任村干部生活补助、村级办公经费补助等运转经费保障制度。特别是近年我市通过探索,采取投资入股高新开发区分红方式(市、县两级财政扶持每村15万元资金和村级自筹15万元资金),确保村级正常运转和必要经费支出。目前,我市的村级办公经费每年都在3万元以上。

(三)建立和完善县镇村社会综合服务平台。围绕方便农民办事、培训、促进增收以及新农村建设的需求,各县制定了县镇村三级社会综合服务平台规范化建设标准,镇级平台按照"一个窗口受理、一条龙服务、一站式办结"要求配备办公设备和工作人员,整合服务项目;镇村两级平台均有便民标示,建立全程免费代办制度,直接受理群众审批事项,让群众足不出村就能办成事。

同时运用电子信息技术手段,把政务公开、行政审批、信息查询、受理反馈、效能监察等纳入电子信息系统,实现业务审批全程网络化,提高行政审批效率。加强村代办队伍建设,适当加大投入,把社会综合服务平台建设与运行经费、村代办员代办经费等列入财政预算,确保社会综合服务平台可持续发展。各县有40%以上的乡镇和20%的村建立起社会综合服务平台。

(四)建立和完善县镇村三级农村集体资产管理体系。各县把建设农村集体资产交易平台、农民承包经营权流转服务平台、农村集体监管平台摆在突出位置来抓,加强农村集体"三资"管理,确保农村集体资产保值增值和安全。各县有40%以上乡镇建立了农村集体资产管理交易平台;试点建立了镇级农村土地流转管理服务平台;每个县都建立了县级农村土地流转市场,在部分行政村试点配备了土地流转信息员。加快农村财务监管平台建设,加大资源整合力度,加快建立完善县镇村三级农村集体资产管理体系。各县都能按照财政部门要求,建设农村财务监管平台,全面实行"村账镇管""组账村管"或委托第三方管理,逐步实现农村集体资金管理公开化、资产管理规范化、运行机制阳光化。

(五)大力推进农村基层事务管理体制机制创新。学习借鉴云浮的经验做法,结合幸福村居创建活动,以自然村为基本单元,引导农民自愿组建村民理事会,不断完善民事民治管理机制,全市有30%以上的自然村铺开这项工作。在建立村民理事会过程中,都制定了章程规范化运作,引导协助本自然村制定了村规民约。加快推进传统农业向现代农业转型,大部分县就培育家庭农场、农民专业合作社、种养大户、农业龙头企业和建设现代农业生产基地、示范园区、专业镇村、农产品物流体系方面制定了相关扶持政策,提高了农业产业化水平。基本建立健全了乡镇农业技术推广、动植物疫病防控、农产品质量监管等"三农"服务体系。以确保原产地农产品质量安全、动植物疫病防控为重点,普及推广农业生产新技术。完善农产品质量安全监测制度,建立农产品质量安全溯源管理制度,实施食用农产品标识管理规定、食用农产品质量安全市场准入制度,保障农产品质量安全。

二、山区县农村综合改革存在的主要问题

虽然我市山区县农村综合改革得到高度重视，取得了一定成效，但离省委省政府的整体工作要求和农民的期待还存在一定的差距，主要体现在以下几个方面。

（一）改革的进程还不够深入。有相当比例的干部群众包括一些领导干部，没有充分认识到农村综合改革的重要意义，没有深刻领会上级农村综合改革的精神实质。主要是各县对农村综合改革的必要性和重要性认识不足，个别县农村综合改革基本照搬文件，深入调研、解决实际问题的不多，未能很好地找到破解山区县科学发展难题的改革措施和突破口，缺乏改革内在动力，深入推进改革工作的积极性、主动性不强。在开展工作过程中，不深入研究分析存在的问题和寻求解决问题的方法，不及时总结提高，存优去劣，导致农村综合改革工作进展不够快，实效不够大。

（二）改革的成效还不够明显。各县在建设镇村公共服务平台、下放审批权限等改革方面力度不够大，效果不大明显，基层政府的社会管理和公共服务职能还没有充分发挥，离省级的工作要求还有较大的差距。因富余人员安置渠道少，"减员""减负"实际效果不明显，乡镇机关人员结构不尽合理，乡镇职能转变还没完全到位。

（三）改革所需的财力保障比较薄弱。我市是山区市，五个县是省级贫困县。由于财政总量不足，统筹城乡发展、缩小城乡差距、公共服务均等化的措施无法完全到位。大部分县、镇财政困难，经济基础薄弱，收支矛盾突出，并且长期以来镇村两级因各种历史原因积累了沉重的债务，仅依靠财政转移支付维持低水平运转，县镇财政统筹能力较弱。改革所需的场所建设、设备购置等资金，给乡镇经济带来了巨大的压力，发展农村社会事业、实现基本公共服务均等化有些力不从心。

（四）村风民风等核心价值观有所淡化。有的基层人与人的关系异化为利益关系，传统的道义、亲情、友情均被丢在一边，做什么事都要与金钱挂钩。对

自己有好处则趋之若鹜，甚至不顾尊严、丧失人格；对穷困疾苦怜悯之心不足，唯恐避之不及。如在选举过程中，给了好处就给选票，不给好处能力再高也休想当选。传统习俗也逐渐变味。过年过节、婚丧嫁娶等一些带着地方特色、传统韵味的庆典方式、礼节逐步淡化甚至退出，红包礼金成为主打的礼品。荣辱观念也逐渐异位。"笑贫不笑娼""有钱能使鬼推磨"这些原来极个别人的腐朽思想有所抬头，而传统的"忠孝节义""礼义廉耻"等则有淡化倾向。有些贪污犯、扒手自我炫耀，错误认为涉黑涉毒、坐过牢是"资本"，是有"本事"。

三、进一步做好山区县农村综合改革的意见和建议

农村综合改革是一项复杂的系统工程，对其艰巨性、长期性，必须要有一个清醒的认识。30年前，我国农村的改革重点是经济建设，随着农民温饱问题得到解决，社会建设相对滞后的问题日益显露。因此，农村综合改革要与当前开展的党的群众路线教育实践活动结合起来，"增强改革紧迫感、坚定深化改革信心"，抓出成效，让改革的成果惠及广大农民。

（一）强化落实主体功能区定位。推动主体功能区建设完善，将不同区域实行分类管理，按照主体功能区的定位要求，在政府权责划分、政策配置等方面实现重大突破，从而促进各地经济社会的发展和基本公共服务均等化。根据各地资源禀赋和环境承载能力、现有开发强度、发展潜力等，对全市各乡镇进行统筹规划，明确开发方向和强度，真正使规划形成的主体功能区发挥应有的作用。以主体功能区建设为切入点，构建"功能互补、错位发展、有序竞争"发展新格局。按照主体功能区规划，明确乡镇的功能定位和机构设置，推动乡镇政府从管理型向服务型转变。

（二）建立完善镇村财力保障机制。推进公共服务均等化，彻底改变长期以来施行的城乡"二元结构"、差别对待政策，加大对农村基础设施投入力度，为农民提供更多的公共产品、公共服务，以"善政"为抓手，改善农业生产条件、农村生存环境、农民生活质量。努力实现镇村财力和事权相匹配。完善镇村财

力保障机制,加大财政支持力度,切实把生态发展镇正常运作所需经费纳入每年财政预算,全额给予保障。同时建立完善财税共享机制,保障生态发展镇的财力每年有稳定增长。加大财政补助力度,从2013—2015年,村干部补贴逐步达到每月2000元以上。

(三)健全镇村社会综合服务平台、农村集体三资监管平台和农村金融保险服务三个平台。按照"强化公共服务、突出公众参与、体现共建共享"的原则,以新型城镇化和新农村建设为载体,积极整合部门资源,逐步扩大镇村社会综合服务平台、农村集体三资监管平台、农村金融保险服务平台的覆盖面。以办公系统、行政电子监察系统、客服系统为支持,建立县镇村三级社会综合服务平台,实行一站式网络服务、免费代办服务,使基层社会服务实现全覆盖、常态化,社会管理机制更科学、更高效。加强农村集体资金、资产、资源"三资"的网络监管平台建设,实现市、县、乡、村四级联网,通过网络预警监管功能,实现对农村集体"三资"信息的实时监管。通过"三资"信息的实时监管,提高集体财产的公开透明度,确保集体财产安全,减少农民上访,"还干部一个清白,给群众一个明白"。现代农业发展离不开金融业的有力支持。农村金融是促进农业加快发展和农民增收的重要途径,要创新农村金融保险组织体系,大力推动银行和非银行金融服务机构在农村发展,全面提高金融保险服务能力;创新农业农村金融保险产品,满足农村多样化需求;创新融资担保方式,拓宽融资担保范围,从根本上解决农村融资难的问题;完善农村金融保险监管机制,控制金融风险。

(四)全力推动农村基层事务管理民主化。结合幸福村居创建活动,引导更多农民自愿组建村民理事会,鼓励和引导农民群众参与村庄基本公共服务,形成村民"共谋共建共管共享"的民事民治管理机制。着眼于提高村级事务管理的民主化、科学化水平,探索形成"一定两议三监督"工作方法。"一定"即定议事范围;"两议"即村"两委"联席会商议、党员村民代表联席会议或村民会议决议;"三监督"即镇党委政府监督、村务委员会监督、村民监督,确保村级事务公开、规范运行。同时要加强农村道德文化建设,着力解决好"信仰缺失"问题。加强社会主义核心价值观建设，弘扬"仁义礼智信"等传统优秀文化，促进乡风淳朴、社会和谐。

（五）加快传统农业向现代农业转型升级。重点抓好农民专业合作组织、农业龙头企业、农产品批发市场、专业镇专业村、家庭农场五大农业组织化载体建设，推进农村土地流转，强化农业社会化服务，不断提高我市农业规模化、产业化、组织化经营水平，加快推进传统农业向现代农业转型。全面推进现代农业园区建设。按照"县有现代农业示范园区、乡镇有科技示范场、村有科技示范户"思路，推进土地流转，引进产业主体，创新生产模式，提供全程服务，把园区建成新品种新技术的实验区、绿色标准化技术的样板区、农技人员的研发区和农民培训学习的教学区。全面搭建现代农业发展营销平台，提高农业综合效益。对所有符合标准的农产品实行订单生产与收购，并利用统一平台进行销售，充分体现农产品的优质优价，促进农业增效、农民增收。

（六）落实农村土地制度改革。根据中央一号文件的要求，力争在近期内完善农村土地承包政策。稳定农村土地承包关系并保持长久不变，在坚持和完善最严格的耕地保护制度基础上，确保农民实现对承包地占有、使用、收益、流转及承包经营权抵押、担保的利益。稳定农户承包权、放活土地经营权，稳步推进承包土地的经营权向金融机构抵押融资。加快建立农村集体经营性建设用地产权流转和增值收益分配制度。完善农村宅基地分配政策，选择若干试点，慎重稳妥推进农民住房财产权抵押、担保、转让。因地制宜采取留地安置、补偿等多种方式，确保被征地农民长期受益。

（七）践行社会主义核心价值观。加强农村道德文化建设，着力解决"信仰缺失问题"。通过政府的引导，公务人员的身正示范、上行下效、惩恶扬善、淳朴民风等举措，在广大农村践行"富强、民主、文明、和谐、自由、平等、公正、法治、爱国、敬业、诚信、友善"为基本内容的社会主义核心价值观，形成社会主义核心价值观的运行和保障机制。利用乡规民约、通俗读物、民间戏曲、说书等载体，使社会主义核心价值观转化为群众践行和接受的个体价值观。注重家庭教育与学校教育相结合，提高学生热爱国家的意识。鼓励和提倡主流媒体对仁义、仁爱、孝道等传统优秀文化进行正面典型宣传,促进乡风淳朴、社会和谐。

(本文刊载于《河源调研》2014年第3期)

全面提升村民自治水平的对策

加强基层组织建设，是夯实党在农村执政基础的根本，是保持农村社会和谐稳定的关键，是加快农村经济社会改革发展的保障。随着我市经济社会进入转型期，农村的新情况、新问题不断涌现，村级换届选举过程中遇到很多挑战。但我市立足当前、谋划长远，把村级换届当作全面加强基层组织建设的重要举措来抓，切实解决影响基层基础稳定的各种问题，2014年村级换届选举工作，按照省委、市委的各项选举任务胜利完成，取得了预期效果。现就村级换届与基层组织建设进行相关的思考。

一、村级换届的主要经验

一是市委从全局和战略高度把握村级换届工作。按照省委的工作部署，成立河源市村、社区"两委"换届选举工作领导小组，抽调各相关单位最得力干部组成工作组，加强对村级换届工作的指导、协调和督查。各级党（工）委书记把换届工作真正当作"一把手"工程来抓，以高度的政治责任感和严谨细致的作风落实责任，整合各方资源，形成强大合力，高标准、高质量地完成这次换届选举工作，为推动河源跨越发展、打造"广东绿谷"，实现全面建成小康社会目标提供有力保障。

二是及时化解内部矛盾。落实工作责任，按照"领导包点、责任到人"的要求，深入分析村、社区"两委"换届选举可能出现的新情况、新问题，全面摸清各村、社区是否可以按期进行换届选举，有哪些热点难点问题亟待解决，做到底数清、情况明，化解潜在矛盾，解决突出问题，确保县镇村各级领导责任到位。

三是敢于碰硬。密切注意选情民意，对不良倾向和苗头性问题，采取果断措施予以坚决制止。对违法活动和拉选票的贿选行为说不，敢于亮剑。和平县青州镇星塘村委会中垠自然村张榜公布的选民名单遭人故意撕毁，马上安排警力进行侦查，很快就锁定嫌疑人，营造了换届选举风清气正的环境。各县区及时中止了贿选候选人参选。

四是掌握舆情动态。监控舆情，特别是网络舆情，严防由换届选举引发的群体性事件和网络恶意炒作事件。市换届办由专人负责，掌握各大主流网站和主流媒体发表的有关村级换届选举的网帖，及时对影响到换届选举的各种言论进行查实，对查实的事项进行认真整改，对不实事项严加监管。在河源论坛出现涉及东源县"小苍蝇、大老虎……"的网帖，该网帖标题抢眼，点击率很快上升，由于跟进及时，早发现、早处置，妥善化解了网络舆论炒作。

五是做好相关人员培训。我市自2005年开始，每三年举办一届河源市村级换届选举观察员培训班。举办培训班的目的，是进一步增强做好村级换届选举观察员工作的责任感和使命感，明确中央和省对村级换届选举工作的基本要求，加深对国家、省有关村（居）民自治尤其是村级换届选举的法律、法规和政策的学习理解，熟悉、掌握换届选举的有关规定和选举规程的内容，更好地开展换届选举的观察工作。同时，通过推行选举观察员制度，增强了基层依法指导换届选举的自觉性，及时发现和解决了选举中的争议和纠纷，加大违法纠错力度，从机制上进一步促使各地依法选举。

二、村级基层建设目前存在的问题

一是领导班子建设不够强。当前一些农村基层党组织凝聚力、战斗力还不够强。有的农村党员干部缺少带领群众致富的本领。广大农民群众对村干部带领大家发家致富奔小康的期望越来越高，但有些村干部存在小农经济意识，满足于"小富即安"，"等、靠、要"思想比较严重。个别党员和干部没有一技之长，带头致富的本领不过硬，接受新知识、新技术能力较差，对市场经济不太熟悉，因而实践中思路不宽、办法不多，发展经济的能力与群众盼望致富的要求存在着一定的差距。二是党员干部素质不够高。有一些农村党员干部素质还不够高，有的党员干部理想信念不坚定，有的长期不参加党组织活动、不完成党组织交给的任务、不交纳党费。有的农村党员干部作风漂浮、弄虚作假、以权谋私、贪图享乐，影响党群干群关系。有的党员干部只想着自己致富，没有想到带领群众一起致富。三是集体经济薄弱。部分村由于没有工业和其他经济来源，村集体经济实力差，严重影响着村党支部的运行和领导作用的发挥。随着社会主义新农村建设的发展和城乡一体化步伐的加快，农民群众迫切希望以党支部为核心的村级各种组织为他们掌舵撑腰，提供各种服务。村党支部在村各项公益事业发展方面举步维艰，在为村民致富奔小康提供服务的手段方面更显不足，"无钱办事"的矛盾更加突出。有的村班子成员虽有带领群众致富的愿望，但缺少致富手段和本领，工作局面打不开，经济发展上不去。四是村民自治水平不高。个别村主任认为自己是村民选的，认为村民自治，村干部只要不犯原则性错误，上面没有权撤换，乡镇党委分配的任务不认真完成，上级的要求符合自己意愿的就执行，不符合的就推诿拖延。五是村干部待遇较低。农村干部承担大量的工作，而所得的报酬却偏低，影响了村干部的积极性。有些村出现运转困难，许多村村干部的工资补贴标准偏低，月收入只有几百元，与外出务工经商的村民形成了较大反差。在偏远、经济落后的村，少数村干部身在曹营心在汉，名在村里任职，却长年在外经商务工，村级工作较难开展。

三、加强村级基层组织建设的对策

一是切实提高基层干部的综合素质。积极探索在离乡创业的成功人士、企业家中选人兼任村级领导班子成员，大力推进"村村大学生"工程。建立一支活力迸发、数量充足的村级领导班子后备队伍。加强基层队伍学习先进管理经验、现代科技综合知识的培训，以县、乡党校为阵地，丰富培训内容，延伸培训层次,拓宽培训渠道,大规模、系统地培训村级干部队伍,坚持"先培训、后上岗",让基层干部思想上始终能引领时代潮流,始终能够站得高望得远,处理基层问题游刃有余。

二是强化监督。针对农村普遍存在账目混乱、理财水平不高的实际,通过建立健全监督机制,拓宽监督渠道,实现勤政廉政、取信于民。要不断改进和完善村主任离任审计工作,形成有效监督力和约束力。建立健全村级财务收支预决算制度、财务开支审批制度、民主理财制度、财务审计制度和集体资金、资产管理制度等,推行财务管理审计制、村财镇管理等有效办法。同时,要加大打击村干部挥霍公款,收入不入账,侵吞扶贫济困款、救灾物资、抢险资金的力度,真正做到让百姓放心、群众满意。

三是建立村级经济发展新途径。我市在千村脱贫实践中创造了非常好的战果,真所谓一策解脱千村困。随着经济的发展,民生福利事业建设的加大,原来每个村3万元的要求不能满足村级事业发展了,因此,要继续完善和探索致富的新途径或新办法。抓住市农村土地承包经营权流转试点契机,充分盘活土地资源。按照"自愿、依法、有偿"的原则,探索农用土地流转,由村成立合作社,在稳定土地承包关系的前提下,村合作社集中经营,组织规模化、生产专业化、经营市场化,发展特色农业。采用村企合作的方式,进一步提高土地经营效益。鼓励有条件的村利用土地建厂房出租,引进外资办企业、酒店等,盘活存量资产,通过物业的租赁经营来增加集体经济收入。积极创办农家乐、餐馆、招待所、度假村、休闲观光农业、娱乐场所等经济实体,通过吃、住、行、游、购、乐,增加村集体的资源开发收入和经营服务收入。引导有条件的村利用本地资源或区位优势,围绕产前、产中、产后服务,成立农民专业合作社,对已成立的农民专业合作社加强引导,加强服务,提供政策、资金支持,让其发展壮大。

四是建立健全激励保障机制。村干部是党的基层组织建设、经济发展和社会各项事业的直接组织者、推动者和实践者,时时刻刻面对着最基层的群众,是党和政府联系广大群众的桥梁和纽带,是维护农村稳定、管理农村事务和带领农民建设新农村的中坚力量。农村工作条件艰苦，农村干部在岗时的低待遇、离岗后的保障低，挫伤了村干部的干事积极性，经济政治待遇差影响着农村干部的战斗力。因此，要着力建立健全村级干部激励保障制度，对年龄35岁以下、高中以上文化、任村支书三年以上的，允许参加公务员考试，每年拿出一定的名额来解决村干部的录用问题，进一步提高农村干部的经济、政治待遇，激发基层干部的工作积极性和主动性。坚持物质和精神奖励相结合，定期表彰奖励优秀村干部，努力形成重视、关心、爱护村干部的社会环境。加大舆论宣传力度，每年在电视台、广播电台开辟专栏，大力宣传村干部中的先进典型，大张旗鼓地宣传他们的先进事迹，从精神上对村干部进行激励。

（本文刊载于《河源论坛》2014年第2期）

土地流转机制的探讨

随着新一轮土地延包30年政策不变的落实，广大农民获得了长期而有保障的土地使用权。我市二次创业中，要对农业结构进行调整，实现区域化种植，加快实现农业产业化进程，这必然涉及土地经营流转问题。土地经营权的合理流转，对保持农村长期稳定，实现农业可持续发展具有重大的战略意义。

一、人地矛盾和农业结构调整的矛盾

（一）人地矛盾。自十一届三中全会以来，家庭联产承包责任制使绝大部分农民解决了温饱问题。但随着20多年的变迁，农村已发生翻天覆地的变化。有的地方对土地承包实行了"土政策"，如"10年一大调，5年一小调""5年一大调，3年一小调"等。但大多数地方则很少调整土地政策，使人地矛盾比较突出：人多的可能地少或无地，人少的可能地多，地多和地少要缴交的各种税费不一，经常调整土地，使农民对土地的投入相应不高，不利于调动他们的积极性。

（二）农业结构调整与土地承包之间的矛盾。各级政府为了加快农业结构调整的步伐，实现规模效益和农业产业化，需要对土地实行区域规划，但农民的土地承包权是受法律保护的。所以在落实用地时，二者之间的矛盾就显而易见。在推行农业结构调整的过程中，有的人认为，要进行农业结构调整和区域化种植，就要将原有的土地承包格局打破，由集体收回，统一规划经营；而大多数农民则认为他们的承包权不容侵犯。

二、土地流转机制的可能性及其主要形式

所谓土地流转机制,指在农户承包经营期内,对农村集体经济组织成员享有的承包权和经营使用权实行可以分流的制度。

(一)可能性。近年来,由于我市和珠三角、深圳毗邻,且距深圳和广州不到200公里,这些城市二、三产业发展较快,经济比较发达。我市已有相当一部分劳动力流向发达地区。此外,近年我市二、三产业也有不同程度的提升,从事二、三产业的人数逐年递增,洗脚上田务工经商的农民也逐年增多。因此,在新形势下,实行土地流转势在必行。

(二)土地使用权流转有六种主要形式:(1)土地入股。承包者经土地折股,参加股份合作经营,本着利益共占、风险共担的原则,签订合同或协议,并依法公证。(2)反租倒包。在征得农民同意的前提下,把承包给农民的土地重新租回来,并向农民支付租金,再把集中后的土地承包(租赁)给经营主体经营。其流转程序是农民—村组—商家。村组与内部承包者之间及村组与商家之间签订土地流转合同,合同经有关部门公证。(3)土地转包。承包方将全部或部分土地以一定的条件转包给第三方,承包方与发包方仍按原合同履行双方的权利和义务关系。(4)土地转让。指承包方将土地使用权一次性转让给第三方,由第三方向发包方履行合同。(5)土地置换。承包方之间为各自需要或便于耕种管理和种植结构调整,而对自己的土地进行互相调换。(6)土地租赁。农户将其承包土地以收取土地租金的形式进行土地租赁经营。

三、建立土地流转机制应遵循的原则

土地流转一般要遵循以下原则:一是不改变土地所有权和承包权的原则。不改变原合同规定的土地用途,所有权和承包权不变,使用权进行流转。二是坚持承包权期限内流转。不论采取何种流转方式,流转的期限一般不超过原承包合同的期限。三是依法按程序流转。土地流转不得违反国家有关法律对土地

的规定。大面积的土地流转应逐级上报至县有关部门。四是平等协商、资源有偿的原则。任何单位和个人不得强迫或阻碍承包方进行土地使用权流转。

(本文刊载于《河源日报》2001年7月30日)

我市贫困地区脱贫致富情况的调查与思考

2009年以来，我市认真贯彻省委、省政府的工作部署，扶贫"双到"工作在省直有关部门和深圳市大力帮扶下，攻坚克难，用三年的时间，胜利完成了任务，省定的318个贫困村取得了骄人的成绩。但面上相对贫困问题还比较突出，新一轮扶贫开发提高扶贫标准后，贫困面还比较大，全市有相对贫困村283个、相对贫困户4.915万户，新一轮扶贫开发任务仍然艰巨。为切实做好新一轮的扶贫开发，建立长效脱贫机制，实现到2020年全市人均GDP达到全国平均水平，市委政研室组织了调研组，深入相关单位与扶贫对象，对脱贫致富的情况进行了专题调研。

一、脱贫致富的主要瓶颈

调查中发现，制约我市奔康致富的瓶颈依然存在，脱贫的任务仍然繁重。

（一）贫困面比较广。三年扶贫"双到"任务虽然全面完成，我们也要清醒地看到，成绩只是阶段性的，扶贫开发工作还面临很多困难和薄弱环节，我市仍然没有摆脱落后的尴尬，2012年全市人均GDP相当于全省平均水平的1/3，相当于全国平均水平的一半。5个县在过去是、在新阶段仍然是省级扶贫开发重点县，我市是全省扶贫开发重点县数量最多的地级市，上一轮扶贫"双到"工作只是解决了318个贫困村的脱贫问题，面上相对贫困问题还比较突出。提高农村扶贫标准后，贫困面还比较大，新一轮扶贫开发，全市相对贫困村283个（占全市行政村总数的22.6%）、相对贫困户4.915万户，新一轮扶贫开发任务仍然艰巨。

（二）扶贫工作的体制机制不够完善。一是考核机制不顺。现行的省、市扶贫单位同时考核办法，一损俱损，一荣俱荣，相互捧场，也就是说省级单位的考核成绩高，市级单位的成绩相应也高。这种考核办法，逼使省市单位联合虚高数字，比如市不给帮扶的深圳、中山市打高分，自己的分数也相应降低，年终的考核也就过不了关。实际工作中，一些帮扶单位对扶贫工作不重视，当省里领导来河源的时候，他们才跟着来，就算是这样，你也不敢给人家打低分。二是产业转移的措施不够完善。腾笼换鸟也好，产业转移也好，目的是让在发达地区的企业向贫困地区转移，但转移扶持的政策不到位，最起码要给企业搬迁费用或其他优惠待遇，让企业不因为搬迁而损失，如果不搬没损失，搬了损失大，没有企业会去做亏损的事情。三是扶贫的措施仍有待完善。省市单位下到村，食宿费用是一笔很大的开销，省市单位长途跋涉，汽车的油费、过路费、食宿等费用惊人，来到村里之后，给贫困户才几百元，浪费很大。

（三）扶贫资金的筹集分配差异大。除省统筹安排三年每个村70万元，市30万元资金较为公平外，有实力的单位与领导帮扶的村与一般单位帮扶的村差距非常大，差距大的有10多倍以上。如有的村三年下来的投入，不到邻近村的零头，有实力的单位投入帮扶资金1000多万元。群众甚至直接找到驻村的单位领导和驻村工作队员：是不是工作队克扣了他们的扶贫资金，要不然大家都是共产党的领导，大家一样的贫困村，隔了条田埂，人家怎会有那么多帮扶资金？看了邻近村扶贫工作开展得红红火火，而自己所在的村冷冷清清，群众的怨言不难理解。

（四）扶贫工作上热下冷。接到扶贫任务，上级机关和领导热情高涨，非常着急，忙于安排得力干部，忙于筹措资金，工作忙的单位，放弃休假，利用节假日到村进户帮扶。可到了镇村一看，完全不是那么回事，有的干部，三年下来，还没有见到扶贫户的面，每次的扶贫资金都由村干部代转，即使见了面，也是不冷不热。有的扶贫对象在外面务工，接到通知回来，见了面之后急着回去务工，有的镇村干部工作队来了陪一下，工作队要走，他们也跟着走，有的比工作队走得还快，认为上面来人了，交接完了剩下的事就是工作队的事了。

（五）帮扶的项目成效不明显甚至成为负担。建市20多年来，扶贫开发一直是我市"三农"的中心工作之一，各级机关事业单位、干部定点挂扶贫困村、贫困户的工作一直未停止。从20世纪90年代初就开展的"农村社教""千干扶千户"，新世纪以来扶贫"两大会战"、新农村建设、"安居工程""十百千万干部下基层驻农村""千村解困工程"（贫困村入股富民工业园）等活动，中心工作都是围绕贫困村、贫困户脱贫而开展的。据统计，20多年来，全市1200多个行政村、80%以上的村都曾得到帮扶单位扶持。在历次扶贫活动中，我市各级各部门投入了巨大的人力、物力、财力，在当时也取得一定效果，影响也较大。但2009年实施扶贫"双到"时，除安居工程（农房改造）、"千村解困工程"、电站等少数项目外，以前各个阶段实施的扶贫项目特别是经营性项目大部分已不存在，或已失去作用，甚至成为农村的包袱。有的帮扶单位以完成阶段性任务为目标，重立竿见影式的扶贫，短期行为多、短平快项目多；重项目建设，轻项目管理和机制建设，帮助贫困村、贫困户实现长效脱贫的办法不多、措施不实，造成返贫率高、扶贫项目成功率不高。

（六）自主脱贫意识差、存在"等靠要"思想。贫困村贫困户自我发展意识和能力差，稳定脱贫存在不确定因素，个别被帮扶镇村、农户仍不同程度存在"等靠要"思想。此外，城乡区域发展不平衡问题仍很突出，农村地区基础设施仍较落后，基本公共服务体系仍不健全。扶贫资金使用效率不高，使用资金的透明度不够，贫困对象不准确，帮富不帮穷等现象仍存在。

（七）扶贫资金的使用存在贪污挪用现象。扶贫帮困是中华民族的优良传统，救灾如救火也深为广大干部群众所共识。一些村干部就利用手中所掌握的分配权，采取冒领、截留、挪用等办法据为己有。村务不公开或者假公开，不让群众知情。有的村干部用家属的名字申报困难补助，还有的村用扶贫慰问款来发放村干部的福利。

二、问题产生的原因分析

（一）对扶贫的长期性艰巨性认识不足。长贫难扶，脱贫不可能一蹴而就，立竿见影毕竟是少数。这项工作既然不可能立即见效，就缺乏持之以恒的韧性，在一些地方，扶贫工作说起来重要，做起来次要，忙起来不要。现行乡镇党政领导几年一届，异地交流或安排进城。一些镇级领导搞短期行为，做表面文章，对扶贫工作不是真抓实干。把问题留给下一届班子处理，新一届班子对遗留问题想理又无法理清，大都采取逃避、敷衍的做法，造成不良循环。扶贫工作相应的考核制度也不完善，奖惩体系不健全。有些帮扶单位的领导不够重视，甚至不当作一回事，一年才象征性下去一两次，吃完午饭就往城里赶，沉下来扶贫的时间较少。此外，"双到"扶贫也是摸着石头过河，事先可借鉴经验不多，走一步是一步。

（二）较深的依赖思想和懒汉作风。一些贫困农户把贫困归咎于政府，把脱贫的希望也放在等待政府、干部的帮扶上。扶贫工作队、调研组到村到户了解情况，一些贫困户总是争先恐后诉说自己的贫困，要求给予帮助。问及今后怎样发展生产、增加收入，基本上回答是自己无能为力，要靠政府帮助。原市直工作对驻某镇开展工作时，总会遇到一些贫困农户拿出学费、种子费等单据要求工作队给予"报销"。依赖思想和懒汉作风是紧紧联系在一起的。一些贫困户穷则失志，贪图安逸思想严重，冬种、修水利等生产已基本没有搞。一些地方山地坡缓、土层深厚，但极少种植果木。组织、发动不力是一个原因，但更重要的是农户穷不思变。

（三）农村的生产条件差。我市一直以来是一个山区市、农业市，2003年，第二产业的产值才首次超过第一产业的产值。目前，一些地方农田水利设施失修失管现象仍然存在，农业生产抵御自然灾害的能力低。一些地方灌溉困难，一些十年前还是旱涝保收的良田变成"望天丘"，甚至变成沙坝，连花生、黄豆也种不了，严重影响了经济收入。一些地方自然条件差，发展环境先天不足，正常年景农作物收成也仅能勉强自给。

（四）文化陋习不改。多数贫困户文化水平低、思想素质低。思想守旧，温饱即安，安于现状，缺乏进取精神和竞争意识。婚丧大操大办，结婚彩礼越来越高，少则几千元，多则上万元不等。部分贫困户在刚刚解决温饱情况下，为娶媳妇，东挪西借，媳妇娶回来，却债台高筑，生活更加困难。

（五）作风不够扎实。当前我市脱贫奔康工作中的虚浮作风突出。有的地方汇报脱贫奔康工作形势大好，成绩显著，实际上进展缓慢。一些地方对本地农民收入统计有几套数字，根据目的、需要、对象汇报，完全不实事求是。一些镇号称有水果面积一万亩，其实找遍全镇也找不到比较像样的果场。虚浮作风，假、大、空多，实际工作少，工作不落实，措施不到位，扶贫工作没有抓到实处。另外，对扶贫资金的监管也不到位，监管也不科学，让一些有私心的基层干部有空可钻。

（六）生产方式落后。在一些贫困农村，仍在沿袭十分古老的生产、经营模式，生产率远远落后于普遍的标准。许多贫困农户在一年中把主要精力放在种植几亩水稻。有些地方山地广阔，贫困农户只会按照传统漫不经心种些木薯、甘薯、花生等作物，没有形成产业化经营，收获低得可怜。帮扶工作队来了之后，仍按传统的耕作办法、传统的经济发展模式来帮扶，结果是当年帮扶当年见效，工作队撤走，农户又回到原来的贫困。如帮扶队员帮农户购买了禽畜和种苗，当年就有收益，工作队一撤，农户的积累不多，供小孩上学，购置必需品之后资金用完了，又发展乏力。

（七）没有相应的回头看帮扶措施。我市扶贫工作已进入了一个新的阶段，从绝对贫困转变为相对贫困，从大区域贫困转变为分散化贫困。面对扶贫工作新形势，特别是解决农村温饱问题、实施农村低保后，我市一些地方、一些领导对扶贫工作产生了一些不正确的认识。如认为农村扶贫就是解决温饱，温饱问题解决了，贫困问题也就解决了；农村已实施低保，而且应保尽保，已不需要扶贫；扶贫工作是某些地方和扶贫部门的事，一次扶贫任务结束，一劳永逸，一切结束，不再回头看。

三、对策措施

从今年开始,省委、省政府将我市283个村列为重点帮扶村,我市五个县都被列为重点帮扶县,分别安排了省直、深圳、中山及市县负责帮扶,新一轮扶贫"双到"如何开展,要借鉴上一轮扶贫"双到"好经验好做法,突破扶贫开发中的瓶颈,推陈出新,确保新一轮扶贫开发工作取得实效。

(一)创新机制体制,促进扶贫开发。一是建议省取消省市休戚与共的考核办法,理顺扶贫考核机制不顺的问题,实行省、市扶贫单位考核各有侧重,实事求是,避免共同抬轿的现象,完善考核制度,健全奖惩体系。二是建议省、市统筹各单位的扶贫资金,按照各村贫困人口的数量重新确定扶贫资金的分配。三是实施企业转移特别优惠政策。建议给企业搬迁费用或其他优惠待遇,让企业不因为搬迁而损失,鼓励欠发达地区出台更加优惠政策,让企业搬得出来,扎得住脚,赚得了钱。四是重新确定新的帮扶方式,减少中间环节,让贫困农户得到实惠。建立完善特困人口生活救助、大病救助和法律援助等体制机制。

(二)完善产业带动,实现稳定生产。按照"一镇一业、一村一品"的规模化生产模式,集中扶持重点村建设特色优势种养产业。发动贫困户种植优质水果、珍贵树木,帮助贫困户特别是劳动力不足的贫困户建立长效预期收益来源。帮助引进龙头企业,指导建立农民合作社、协会等,确保每个重点村至少有1个主导产业、1个农民专业合作社,有劳动能力的贫困户挂上1家农业龙头企业或参加1个专业合作社,有劳动能力且有转移就业意愿的贫困户至少转移1个劳动力。因地制宜发展村级实业,壮大村集体经济。

(三)加强项目管理,巩固扶贫成果。创业难,守业更难。对上一轮的扶贫开发项目要实行监管,让其持续发挥造血的功能。要"授人以鱼"的同时"授人以渔"。从某种意义上来说,教人管好项目是更高意义的扶贫。据初步估算,实施扶贫"双到"三年来,除扶持到户资金外,各级各帮扶单位扶持318个村集体资产超过5亿元。这是一笔庞大的资产,倾注着帮扶单位几年的心血和汗水、深情。管理得好,将为贫困村经济社会发展发挥重大作用。管理得不好,将会很快灰飞烟灭。因此，必须特别重视扶贫资产的管理，保证扶贫项目资产安全并发挥预期效益。一是对扶贫开发项目资产实施分类管理。对近年来扶持项目资产进行登记造册，分类管理。对公益性资产，包括学校、卫生、文体设施、办公楼等，由使用单位负责维护和管理，资产性质不变。对经营性资产，包括门店、厂房、土地、山林、经济作物、股权等，由村委会管理，可采用出租、承包等形式经营。对发展基金，包括财政安排的互助金、帮扶单位支持设立的滚动发展资金等，按照国家和省制定的互助金管理办法进行管理。二是制定好村的各类资产管理办法（方案、制度）。帮扶单位和村"两委"共同制定扶贫项目资产管理办法。三是严防基层随意处置扶贫项目资产。总结过去扶贫工作实际，一个重要的经验是应设立多重保障机制，保障扶贫资产的安全。乡镇政府、县扶贫主管部门要加强对扶贫资产的监管，对发生产权转移的，必须严格审批。扶贫资产的变卖、转让，必须严格按规定程序进行处置。帮扶单位和村"两委"也可根据实际情况，在扶贫项目收益中提取适当费用，成立村级扶贫基金，用于扶持返贫和特别困难的群众。同时，帮扶单位要跟踪三年，继续帮村解决一些实际问题。关注留守老人、妇女和儿童的贫困问题，提高残疾人生存与发展的能力。

（四）固本强基，建设一支不走的工作队。村委干部的建设事关扶贫的成败，建设一个好的班子着实不容易，因此在扶贫工作中要当作大事要事来抓。把扶贫开发与基层组织建设有机结合起来，选好配强村"两委"班子。加大农村党员干部教育培训力度，鼓励当地能人、致富能手竞任村级"两委"干部。继续选派优秀年轻干部、优秀大学生下基层驻农村。注重培养一大批能带动群众脱贫致富的带头人。充分发挥这些带头人头脑灵活、思路清晰、市场意识强的优势，带动贫困群众共同致富。这些人与贫困群众生活在同一个乡镇或同一个村，群众看得见、摸得着、有奔头，脱贫致富的积极性自然高涨。大力推进村务公开、财务公开，建立村干部绩效工资制度，不断提高村干部的待遇水平。

（五）倡导新风尚，打牢脱贫基础。帮扶单位在扶贫工作中要坚持两手抓，一手抓物质扶贫，一手抓思想文化扶贫。思想文化建设是战胜贫困、实现稳固脱贫致富的精神财富，是农村全面稳定发展的基石。一是强化勤劳致富教育。一些群众的穷，关键不在钱上，而是在思想上，"怕苦怕累不怕穷"的观念和世代贫穷的现状让一些贫困群众和基层官员安于现状。一定要向村民宣传勤劳致富的思想，教育群众树立主体脱贫意识，发挥主观能动性，不等不靠，"自己动手，丰衣足食"。二是刹住农村赌风。狠刹麻将、地下六合彩等赌博活动，根除一些农户"一夜暴富"的思想，指出赌博的严重危害性，对赌博的组织者、为首者给予打击，树立农村新风尚。三是帮助克服小富即满即安的思想。教育贫困户不要满足于现状，要敢于进取，争取致富。要开展移风易俗活动，倡导文明新风，教育群众坚持节俭持家，不大操大办红白喜事。四是加大科技培训力度，提高贫困群众的科技文化素质。针对性地通过各类职业技术学校和各种不同类型的短期培训，大力普及实用技术，增强农户掌握先进实用技术的能力。加大对农村剩余贫困劳动力的培训力度，提高贫困家庭劳动力素质，增加劳务收入。

（本文刊载于《河源调研》2013年第3期）

我市青年创业情况的调研与思考

就业是民生之本，事关重大。青年时期是一个人选择职业道路，获得工作经验与技能、形成自我价值、开始自立并真正融入社会的关键阶段，我市青年响应国务院关于"大众创业、万众创新"的号召，在市人社局、共青团市委等相关部门的大力支持下，积极投身到创业中。当前我市青年创业情况如何？遇到哪些困难？怎样切实为青年创业提供有效的帮助？近期，市委政研室、共青团市委共同开展了青年创业就业情况调研活动，召集创业青年代表座谈，到创业基地进行实地考察，以求更加准确地掌握我市青年创业就业现状，青年创业就业的困难和具体需求，并在调研的基础上，提出相关的意见和建议。

一、我市青年创业的基本情况

（一）青年创业的规模和领域。据团市委不完全统计，至2015年全市青年有100多万，其中带头创业者有12800多人，形成了5000家以上规模的创业企业。青年的创业项目，基本上涵盖了新形势下大多数的行业与领域。其中以信息技术、新材料、新能源、生物医药、节能环保等战略性新兴产业和文化创意产业为主，也有一部分青年以传统服务业、传统制造业、资源开发、种植养殖等行业作为创业方向。在我市第四届创富大赛上，叶鲜生公司的无公害蔬菜项目备受瞩目，深受好评。该公司立足于河源山好、水好、无污染、地租低廉的优越条件，建立了环保、无公害蔬菜基地，产品直接通过物流配送到家庭，并将种植、休闲一体化发展，在节假日开放种植基地，吸引广大家长带小孩到基地体验种菜过程、认识作物等。目前，不少市民都想通过认购的方式获得该基地的蔬菜供应，但由于基地正在完善和建设之中，还不能完全满足市民的需求。与此同时，农村电商、养老养生产业方面的创业人数也呈快速增长趋势。有大批外市青年加入到我市青年创业群体中。在市高新区落户不久的电商产业园，发展势头较好。在我市第四届创富大赛上获奖的印象软装负责人认为，2010年后在一、二线城市出现大量的精装房和商业空间，却没有一个匹配的商业模式来解决家居配饰方面耗时、昂贵的痛点，而"印象软装"在这方面取得突破。目前，河源的软装项目已经走在全省的先进行列。

（二）创业项目前景和创业主体情况。我市青年创业的项目隐藏了较大的潜能，一群生龙活虎般的后起之秀，今后就有可能成长为优秀的企业家，他们就像一群雏鹰，随时准备搏击风浪展翅高飞。一些项目处于国际和国内领先水平，前途无法估量，比如河源市众拓光电科技有限公司"4英寸Si衬底LED外延及芯片"就具有自主知识产权，打破了发达国家在该领域的垄断局面，填补了我国空白，具有高性价比制造优势，该项目建成后，我市有望成为全省LED集散中心。除众拓光电科技等少数投资较大的企业以外，创业规模多数以小微型为主，盈利前景较好，就算不成功，风险多数在可控范围之内。创业初始资金来自合伙融资或家庭、亲戚朋友的支持，政府创业基金和银行贷款及风险投资较少。创业青年中，不乏大专及本科以上学历者，有的甚至还有国外学习或工作经验，他们观察敏锐，接受新事物快，能感知国际经济形势和国内宏观经济情况对企业经营情况的影响，并能提前应对经营发展中遇到的主要困难与宏观经济形势。青年创业动机由原来的就业形势不理想或是意图改善生活状况，转变为倾向于机会型，目的是追求自我价值的实现或发现商机。普遍积累了一定的工作经验，具有较强的市场经济思维模式。创业青年对行业协会和创业园区等平台较为重视，有的一开始创业就步入高新产业园区，并引起市委市政府主要领导的关心与重视。

（三）政府引导青年创业情况。据了解，政府为创业青年提供的服务和政策等相关支持主要有如下几个方面。一是举办创富大赛。创新是民族进步的阶梯，创业更是时代发展的主题。当前，我市各行各业都有青年创业者的身影。自 2012 年开始，创业大赛已连续举办四届，共吸引超过 850 个项目、1000 多名创业青年参赛，其中培育了 40 个青年创业团队，涵盖电子商务、物联网、生物医药、农业产业开发、休闲旅游开发、APP 开发应用等，涌现了像刘润前、潘武军等一批青年创业典型。今年我市第四届创新创业大赛启动后，很快就吸引了农业、服务业、互联网科技、智能化产业、旅游业、餐饮业、养身养生养老等各行各业选手参赛。吸引了众多创业青年的参与，共收到报名参赛项目 168 个，遴选符合条件的 64 个项目进入初赛。二是企业落户和融资就业等方面的政策支持。通过创富大赛进入前三名的选手，可以在银行免息贷款，一等奖可以贴息贷款 20 万元，其他奖项均可以获得一定数额的奖金和贴息贷款。未得奖的青年，也可通过其他途径进行融资，无资产的创业青年，还可以通过公务员担保等途径进行贷款。据统计，我市 2015 年共为 406 名创业者提供 3276 万元的小额担保贷款。近两年累计发放小额担保贷款 5952 万元，共为 693 名贷款人员提供贴息 184.43 万元。今年新增小额担保基金 1600 万元，担保基金累计达到 2950 万元。对失业就业、失地农民、残疾人、退伍军人失业就业难的群体，人社部门按每个待业人员在企业就业 300 元/年的岗位补贴，按缴交的社保费，实行返补社保费用到企业。凡进入市高新区入驻孵化器的科技企业和科技项目，孵化期内给予应付研发场所租金 50% 的补助，可以优先申请国家、省和市的科技资金支持，依法收取的行政事业性收费，执行最低标准。我市刚成立的江东新区，为创造一流的投资环境，接连出台了大力发展总部经济、促进高端制造业和电子商务快速发展的暂行办法。对新落户企业总部，给予一次性总部落户发展扶持金 250 万元；新落户的现代服务业总部给予一次性总部落户发展扶持金 200 万元。对符合条件的创业企业自投产纳税之日起，新区在三年内按照每年 12 元/平方米的标准予以补贴；高端制造业项目，实行用地、场地租赁、贷款贴息、企业融资、上市培育、技术改造、科技创新、品牌建设、节能减排、政务服务、员工落户、人才公寓、子女入学协助、技术人才等方面的扶持政策；符合基本条件的电子商务企业，可向新区申请产业用地与办公场地扶持，对落户新区的经国家、省、市主管部门认定的国家级、省级、市级电子商务示范企业，分别按照100万元、50万元、10万元的标准予以一次性落户扶持。各级政府和市高新区、江东新区制定的非常具有可操作性的扶持措施，为青年才俊施展才华奠定了坚实基础。三是通过培训提高创业本领。及时落实省新的劳动力技能晋升培训政策，明确市县职责，享受培训补贴的相关细则。积极宣传发动，让更多有条件、有资质的社会力量参与培训工作。放宽审批条件，鼓励企业、行业协会结合工作实际开展职业技能培训，提升企业员工职业素养。2015年，我市共组织创业培训1988人。目前，我市已与24家符合条件的培训机构签订培训协议。其中，为更好地服务青年创业，特别是让创富大赛入围选手有更好的表现，分别对80强、30强、12强选手进行集中培训，主要针对实操演练、项目展示、台风展示等方面进行一对一创业辅导，实地到农业龙头企业考察，了解项目的可行性，给参赛项目提建议、挖创意、找门路，更好地服务创业选手。

二、我市青年创业面临的主要问题

一是信息对接不流畅。近年来，政府部门为了让企业知晓政策用心良苦，充分利用市广播电视台、《河源日报》等传统媒体，制作宣传手册，在市区、产业园区等人流密集的地方组织人员进行专题宣传，并发挥QQ、微信等新兴媒体的作用等进行宣传。但政策文件流转的过程复杂，往往到了企业却难以落实。如企业因为各种原因，忙于各种事务，或出差在外，或错过看电视看新闻时间，无法及时了解政府部门制定的政策。我市某企业从外市朋友处获悉，可以申请省级生产服务业专项资金，当找到申报文件时，只有短暂的申报时间，根本无法申报。有关部门发出关于填报企业调查表的文件，要求某月某日前报送，但某企业直到要求报送前一天才收到通知，根本无法及时报送，而该企业还是行业协会中会长级单位，其他企业可想而知了。由于政策落实不够到位，我市的求职补贴、社保补贴、岗位补贴、小额担保贷款、援助困难企业政策、高校毕业生扶持等政策性扶持资金结余较多，有钱用不出去。

二是用工难制约企业发展。用工难是创业青年面临的共同问题，几乎每一个企业都诉说这样的问题，有的创业者因为找不到合适的员工，一个人在孤军作战，自己是老板又是员工。一个在连平创业的青年说，他有6—7家养生馆，经营饭店、净水器业务，要请合适的人来做业务非常难，他在市区招业务员，一个星期也没有招到一个。青年人创业的企业，挑战性比较大，资金链没有完全保证，要找一起打拼干事业的员工更加难，因为创业有风险，打工的人不肯与老板一同承担风险。一个在高新区创业的青年就差点资金链断裂，刚开始的时候只有5个员工，创业低潮期曾欠债29万元。用工难的原因虽然有待遇偏低的根本原因，但也不乏员工对企业不了解，政府相关的扶持政策对接不流畅，就算同等待遇，员工都会觉得没保障从而选择大企业或珠三角等地就业。另外，我市人才市场滞后，人才市场没有形成规模，每年政府部门都是临时组织一些人才招聘活动，企业届时到活动现场招人，解决一时之需。但平时用人却存在困难，打工人员平时难找工作、企业急需用工都不可能等待政府部门每年举办的一两次的招聘时机。

三是融资难成为发展的瓶颈。创业需要资金，没有资金让青年才俊倍感无米之炊的尴尬。调研中发现，有部分青年有创业的愿望，但是缺少第一桶金，又无资产抵押，不能申请贷款，创业梦想无法实现。当前，有关政府部门认真落实小额贷款的扶持政策，全面推进青年创业行动，但银行考评很严格，各部门协调沟通又不够，很难满足青年创业需求。目前存在的问题是免息信贷名额太少，各部门协调沟通又不够，很难满足青年创业需求。一位创业者说，到银行贷款手续较为烦琐，贷款额度很有限，当资金不足时，想到了重新注册一个公司，但又觉得不太现实。一位在我市小有名气的中大毕业创业青年同样遇到贷款难的问题，原因是他是外市户籍，按规定，外市户籍不可以在本市申请创业贷款，这一规定让他感觉很无奈。

三、扶持青年创业的对策建议

（一）做好信息精准对接。信息高速发展时代，信息就是财富，信息就是商机，信息资源的掌握程度往往直接关系到创业发展的走向，青年创业更需要掌握海量的信息资源。各级政府部门应该不断加快信息服务平台建设，整合分析大量的信息资源，多渠道全方位提供有效信息。一是精准定位。建立创业青年数据库，政府部门每出台一项政策，由相关渠道实施精准投放，让青年企业第一时间掌握信息，让他们有时间从容对接。二是增加服务青年企业的信息量。主要包括帮助青年分析国内外形势，引导青年适应发展需要，转变就业观念，培养更强的创业意识。通过报纸、杂志、广播、电视等传统媒介以及手机媒体、网络等融媒体，宣传党中央、省关于扶持企业精神以及政府出台的关于青年创业的相关政策。三是及时更新和丰富政府门户网站。要及时更新信息，让青年创业者随时了解政策发布的动向。四是加强社会服务组织建设。单一由政府提供的服务远远不能满足青年创业的需要，要大力支持农民专业合作社、专业服务公司、专业技术协会、农民经纪人、龙头企业的发展，形成公益性服务和经营性服务相结合的格局，满足不同创业者的需求。

（二）加强融资扶持。加大对青年创业融资扶持，破解创业资金瓶颈，让有理想、有项目、有志创业的青年能得到政府扶上马、再送一程的关怀。一是加大小额贷款的力度。小额贷款对创业者而言，具有很多优势，能让贷款人容易接受，交易程序简单，交易成本较少，创业者可以根据自己的实际情况确定贷款时限。要在政府层面出台相关政策，让创业青年能够以更便捷的方式得到创业贷款。二是拓宽创业者还款担保方式。可以运用多种方法，比如可以用政府的创业基金担保，创业人员共同承担连带责任、有资产的村级集体小组担保等方式提高还款率，不过多限制资金用途等。三是建立社会资金众筹平台。为拓宽项目发展融资方式，创业者将闲散的社会资金，以众筹方式参与项目建设，众筹人员既可以作为股东获得分红，也可以作加盟商，政府层面加强引导与监管。四是提供一系列创业优惠政策降低创业成本。通过税收、用地、场地租用、社保金返还等政府利好政策，营造宽松的创业环境，让创业者从创业开始，就能轻装上阵，放开手脚创业。五是制定政策措施，让外来创业青年与本市户籍居民享有同等的贷款待遇。

（三）营造良好的创业氛围。一是加强创业培训。按照中央和省的文件要求，依托地方高等院校等培训机构，邀请创业成功人士、专家学者、党政领导与青年互动交流，激发广大青年的创业激情。以创业所需的专业化生产和服务知识为主，辅以必要的基础知识，着重提高青年的市场经营素质和创业能力。帮助青年认识创业发展的重要性，培养创业技能，开展创业实践，培养懂经营、会管理、能创业的市场型创业青年，激励青年敢于创业，善于创业。建立青年创业项目库，采取减免加盟费用、免费提供技术和管理指导等方式，实现创业项目与青年的有效对接，拓宽青年的创业领域。二是加强青年创业培训基地建设。可以联合各类高等院校、大中专院校，建立多层次的青年创业培训基地，开展培训工作。三是构建让青年登台表演的舞台。由共青团牵头，成立创业者协会，建立创业者之家网站，定期组织青年沙龙活动，为青年创业者提供交流信息、畅谈经验、业余休闲环境。组织免费场地，定期举办创业者产品展览推介会，各新闻媒体进行跟踪报道，让青年人有登台亮相的机会。四是大力弘扬创业精神。在全社会着力营造尊重创业、竞相创业的良好氛围。同时，在创业企业严格推行"首错不罚只纠"制度，大力弘扬创新创业精神，营造兼容并蓄、宽容宽厚的社会氛围，对创新、创业中的失误失败，宽容对待，使创新创业成为一种良好的社会风尚。

（本文刊载于《河源调研》2016年第1期）

热点探索篇

| 在路上 |
ZAILUSHANG

创意是发展生态旅游的生命

近日，笔者前往位于广州番禺的中国首家耕读文化体验园茂德公草堂调研，茂德公草堂的成功案例，对河源发展生态旅游业具有重要的启迪借鉴作用。

茂德公草堂位于广州番禺金山大道东，是一位陈氏商人用祖父的名字来命名的新旧结合以草为屋顶的园林式建筑。茂德公草堂，说它平凡就平凡，说它奢华就奢华。平凡是因为它里面的建筑材料都以自然生态建筑原材料为主，都是土得不能再土的草、泥砖、木头、石头。用最接近自然的建筑材料做的建筑艺术性很强，体现了原始的天然的不具雕饰的美。说它奢华就奢华，绿化用的樟树、大树菠萝、剑麻、竹子都是从近千公里雷州半岛运来，土砖从粤北山区运来，盖顶用的稻草从上千公里的湖南运来，房子里面的设施简朴中透着都市的豪华，处处精心策划，处处尽现土与洋的结合，而且做到极致。说它土，里面的箱柜竟像明清时期的款式，但新鲜光亮，丝毫没有过时，连洗手盆都是用一块石头掏空做成，而且有一种这里面的东西很贵的感觉。住房的房价也不菲，有千元以内或千元以上，着实让人惊叹不已。

这里主推精致的私藏菜，吃饭的地方更是无与伦比，就在草堂的莲池边。茂德公草堂里有几处分外引人注目，用各种不同字体书写的"德"字长廊、灯笼街、会员式的菜地、听琴馆里奥运会用过拍卖回来的缶等，体现了几种精神：茂德公的命名就是草堂主人的祖父，实有其人，朴实无华的茂德公也到过草堂，这种命名的震撼力，到过的游客就像上了一堂孝道文化课。没有将草堂建成农村的翻版，草堂就是在农村大家熟见的平常草屋处见精明，用现在的话来说，就是升级的农村都市版、豪华版；草堂的餐饮业也颇具特色，各种食品琳琅满目，特别是私藏菜，做得别出心裁；草堂经营的农业项目也是品种丰富，吸引了大量的市民和企业单位认种；草堂的人文特色也引人注目，有很多社会名流驻足，拍摄、唱歌、绘画、休闲，留下很多故事。总之，草堂以独特的理念、灵活的经营手法，吸引了广州等地大量的客人，不愧为成功经营的典范，也不愧为中国最有名的草堂之一。

茂德公草堂山水园林休闲的成功案例，对河源发展生态旅游业具有重要的启迪借鉴作用。

河源丰富的资源完全可以开发利用。我市江河水质常年保持国家地表水Ⅰ—Ⅱ类标准，空气质量常年保持在一级水平，森林覆盖率70%以上，土地未受到重金属污染。在传统文化方面，我市是岭南文化发祥地之一，自秦置龙川县至今，已有2200多年的历史。有越王庙、越王井、唐代正相塔、南宋龟峰塔、清代学宫、考棚、孙中山入粤始祖地等文物遗迹，有紫金花朝戏、忠信花灯、客家山歌、龙川杂技、和平采茶戏等非物质文化遗产。在红色文化方面，我市是中国革命策源地之一，中国共产党第一批共产党员刘尔崧、阮啸仙、刘琴西、周恩来、彭湃、徐向前、叶剑英等老一辈革命家都在河源留下了革命足迹；抗日战争和解放战争时期，河源是东江纵队和粤赣湘边纵队的重要根据地，等等。各种丰富的资源是我市发展生态旅游的重要物质基础，可以将这些资源做强做大，做出具有河源风格魅力的生态旅游新"草堂"。

创意是发展生态旅游的生命。茂德公草堂建成之初是一块荒地，农用地，与平常见到的农村用地并没有多大的区别。一旦经过策划、包装、营销，就今非昔比，就成了一块响亮的品牌。其过人之处，就是一个建草堂的创意，让整个项目生动活泼起来。我市资源众多，在整合、利用的基础上，要更加注重创意，从设计到营销都要经过一番精心的策划，让开发的产品适销对路，增加对游客的吸引力。要在保护中发展，在发展中保护，不要就资源论资源，就项目论项目，要解放思想，大胆地在前人的基础上寻求突破，要敢于站在前人的肩膀上前进。

要鼓励有实力的企业投资生态旅游。旅游产业前期投入大，资金不足会制约整个项目的进展，也会影响项目的质量。我市的一些小景区，就是因为资金不足变成了半成品,既浪费资源,又影响整体的布局。因此,要将成熟的资源,通过网上发布、招投标以及严格的市场准入,让真正有实力的企业进入,建造一批有规模、有档次、有水平的景区景点。

(本文刊载于《河源日报》2012年9月30日)

当前开展我市社会建设着力点的思考

加强社会建设、创新社会管理,是一场深刻的社会变革,是我们党领导的又一场新的伟大革命。当前和今后一个时期,我市正紧紧围绕推进"三大崛起"、建设幸福河源的核心任务,加快构建社会建设体系。

一、要充分认识做好社会工作的重要性

当前社会领域存在一些问题,表现为调整利益关系更加困难,阶层之间的流动性降低,社会差距有固定化趋势,改革红利已充分释放,急需积累新的势能。社会管理难度加大,社会治安管理方式和手段有待新的提高,政府行政机关未能完全确立有限政府的理念,过多地承担社会生产者角色,政府部门之间职责界定不够清晰,社区建设进展较慢,社会工作者队伍发展缓慢,社会工作人才不足,社会工作者队伍不稳定。社会组织未能充分发挥作用,社会事业总体功能效率低,供求结构不合理等。社会建设是对市场经济负面的矫正,必须提高对社会建设重要性的认识。

(一)加强社会建设是中国特色社会主义的本质要求。着力解决关系人民群众切身利益的生活、生产和生命安全问题,保障人民群众的经济、政治、文化和社会权益,努力实现人的全面发展,加快推进社会建设,这是我们党牢牢把握中国特色社会主义本质特征的集中体现。邓小平科学精辟地论述,"社会主义的本质,是解放生产力,发展生产力,消灭剥削,消除两极分化,最终达到共同富裕"。社会建设的每一个方面,都体现了中国特色社会主义本质的要求。

（二）加强社会建设是构建社会主义和谐社会的要求。解决人民群众最关心、最直接、最现实的利益问题，着力发展社会事业，可以促进社会公平正义，减少负面效应；扩大公共服务，可以逐步实现基本公共服务均等化；理顺分配关系，增加城乡居民收入，可以更好地处理好公平和效率的关系；完善社会管理，增强社会创造活力，可以确保社会安定团结。

（三）加强社会建设有利于扩大内需。社会建设本身有许多经济增长点。事实证明，大力发展教科文卫体等事业，逐步建立健全统一的城乡居民社会养老、医疗保障制度，完善失业、工伤、生育保险，建立多层次、多方位覆盖的新型住房保障，让老百姓安居乐业，没有后顾之忧，就能释放储蓄，提高社会消费水平，扩大内需，促进社会的发展。加强社会建设，有利于实现从原来改革开放初期提出的"效率优先、兼顾公平"向新时期"公平优先，带动效率"方向转变。

二、我市社会建设已初显成效

（一）发展理念更加清晰。我市在发展的道路上坚持"三反理念"，发展"四新"产业，摆脱经济后发地区落后的增长陷阱，产业发展飞越低端直达高端，实现了"蛙跳式"升级。我市清晰的发展理念，为壮大我市经济总量、提高发展质量和效益、搞好社会建设奠定了一定的基础。

（二）物质经济基础不断巩固。社会建设要物质基础作为后盾和支撑，我市经济在不断加快发展。目前，我市拥有5个省级转移工业园，是全省数量最多的地级市。我市富县强镇战略取得初步成效。

（三）社会事业建设不断完善。我市历届党委政府都非常重视社会各项事业建设。近年来，滨江大道、万绿湖大道、河源迎客大道、东江西路、西环路一期及珠河大桥"五路一桥"等一大批重要市政基础设施相继建成，大广高速公路连平至从化段、汕昆高速公路河源段、粤湘高速公路河源段、汕湛高速公路(河紫高速)、东环高速公路即将动工建设，公园城市设想逐步实现，我市发展环境日趋完善,群众对各级政府的满意度进一步提升。县、镇、村三级综治信访维稳平台建成使用,人民调解、法制宣教和法律援助工作有效推进,社会事业协调发展。

三、做好当前社会工作的着力点

(一)加强领导,形成合力,做好社会建设这盘棋的布局设计。应成立市社会管理体制改革领导小组,挑选熟悉社情民意的干部作为工作人员。同时,要做好社会建设的整体规划,整合基层行政资源和社会力量,推动政社分开。以深化行政体制改革为抓手,不断提高社会管理科学化水平;避免政府在社会管理中走向总揽一切和过度退让两个极端;建立新型的社会服务体系;构建大综治大维稳体系;成立综合执法部门,实现由单纯执法向综合执法转变。

(二)转变财政投入方式,变"经济财政"为"公共财政",加大对社会领域建设的投入。着力调整经济建设和社会建设的关系,真正按照社会建设的规律去搞社会建设。加强对社会建设领域的投入,政府财政部门应从"经济财政"转变为"公共财政",推动政府财政支出向社会保障、医疗改革、义务教育、保障性住房、环境建设等民生事业倾斜。加强对财政部门和社会建设工作的问责。加强公共服务机构建设,真正实现公立学校、公立医院、保障性住房、公益性社会养老机构的公益性。政府财政出资或者引导民间资本建立非营利性的机构,作为承担公共服务的主体。政府可由社会组织或机构承接的事项,通过项目购买、项目补贴、项目奖励等形式,逐步实现公共服务社会化、专业化、市场化。研究制定财政补贴、特许经营、贷款贴息等政策,落实各种有关税收优惠政策。鼓励民间资本和社会力量向公共服务项目投资。

(三)提高信息化程度,实现信息服务均等化,社会管理信息化。要充分利用信息化手段加强社会管理,实现城乡信息服务均等化。建立社会管理综合信息服务体系,建设以人口、法人、信用、地理信息为重点的公用基础数据库,促进跨部门跨区域业务协同和公共服务一体化。推进光网城市和城域网建设。

加快建设电子政府,探索建立公民网页。加强政务网站建设,不断推进我市网络问政和网上建言献策活动。依法打击、有效防范利用或针对信息网络进行的违法犯罪活动。完善社会服务网络,实现公共服务进社区,健全基本医疗服务网络,健全残疾人康复服务网络,健全工会、共青团、妇联等社会团体自助服务网络,健全志愿者服务网络。

(四)走群众路线,让群众参与,用全民共建推动全民共享。社会建设的出发点和归结点都是推动社会进步,提高为群众服务的水平,提高全民的幸福感。必须广泛动员群众参与,及时听取人民群众的呼声,建立公共服务的民主决策机制。培育和扶持一批行业协会和公益团体,逐步赋予部分行业协调管理、社会服务和技术服务职能。引入第三方社会力量参与社会矛盾调处,变一元调解为多元调解。社工干部要深入一线、深入群众,到困难多、群众意见大的地方去,跟群众平等交流,为群众排忧解难,拉近与群众的距离。同时以社区为载体,举办丰富多彩的文化活动,在潜移默化中提升群众素质。

(本文刊载于《河源日报》2011年11月4日)

发展生态经济是建设幸福河源的基础

党的十七大继物质文明、精神文明、政治文明之后，提出了生态文明建设，省委要求山区要"充分发挥生态优势和后发优势，严格保护生态环境，更好地发挥生态屏障功能"。市委六届二次全会号召"为人民幸福而发展"，并明确指出"生态经济是幸福河源的基础"。我市是生态发展市，面对新形势、新任务，我们不能再走发达地区走过的"先污染后治理"的老路，只有坚定走生态经济发展之路，幸福河源建设才会离我们越来越近。

建市以来，我市在生态建设方面取得了可喜的成绩。近年来，我市坚决淘汰落后产能，共淘汰落后钢铁产能362万吨、落后水泥产能17万吨，产值相当于2009年全市工业总产值的近1/4，拒绝了500多个总投资600多亿元的有污染项目。生态经济硬件建设稳步推进，如市区城南污水处理厂，河源市污水处理厂二期工程，市七寨生活垃圾卫生填埋场，市固体废物集中处置中心，东埔河截污及管网工程，河源市区鳄湖整治工程，市五金石材加工示范区，市区跨新丰江污水管网工程，源城区生活污水处理厂，东源县城生活污水处理厂，东源县新港镇生活污水处理厂，紫金县城生活污水处理厂等，"十一五"期间河源共筹集了20多亿元用于环保工程建设。

我市存在一些片面的认识和问题也不容忽视。认为保护生态的任务繁重，有足够的理由不发展；认为我市经济基础薄弱，要做大堆头很难，受到生态保护的制约，条条框框多，引进资本会更加难。凡此种种，都不利于河源的经济建设，不利于实现保护与发展双赢。我市各种丰富资源的整合、利用、保护仍处于较低起点，没有发挥应有的经济价值。如我市江河水质常年保持国家地表水Ⅰ—Ⅱ标准,空气质量常年保持在一级水平,森林覆盖率70%以上,土地未受到重金属污染,但开发利用水平较低。我市是岭南文化发祥地之一,有越王庙、越王井、唐代正相塔、南宋龟峰塔、清代学宫、考棚、孙中山入粤始祖地等文物遗迹,有紫金花朝戏、忠信花灯、客家山歌、龙川杂技、和平采茶戏等非物质文化遗产。我市是中国革命策源地之一,中国共产党第一批共产党员刘尔崧、阮啸仙、刘琴西、周恩来、彭湃、徐向前、叶剑英等老一辈革命家都在河源留下了革命足迹;抗日战争和解放战争时期,河源是东江纵队和粤赣湘边纵队的重要根据地,但"两地文化"开发利用水平也较低。我市与周边兄弟城市相比经济差距较大,以2010年财政一般预算收入为例,韶关市41亿元、清远市73亿元、云浮市24亿元、汕尾市26亿元、河源市25亿元。此外,投资环境也有待进一步优化。

为实现市委六届二次全会提出的目标,夯实幸福河源的基础,笔者认为,必须营造一流的投资环境,着重做好生态休闲旅游产业、农业、工业三篇生态经济文章。

营造一流的投资环境。企业的集聚、发展,除了地缘、资源优势,更重要的是一个地方的营商环境。营商环境良好,就会形成洼地效应,吸引无数商人来河源发展;营商环境恶劣,企业心存怨气,再优质的落户项目都可能撤离河源,并会形成恶性循环影响外来投资。金碑银碑不如在河源投资兴业企业厂商的口碑,党政主要领导要倾听企业的呼声,解决企业发展的切身问题,要敢于碰硬,严厉打击各种影响企业发展的案件,优化政府的服务职能,为企业发展营造良好的政务环境,让企业在河源放心、舒心发展。

做强做大生态休闲旅游产业。我市的区位优势日益凸显,随着多条高速公路的开通和规划建设,河源与泛珠三角的许多城市已经形成2小时经济生活圈,休闲度假游辐射的地域范围很广,拥有庞大的消费群体。我市拥有山水休闲、生态野趣、漂流历险、野外拓展、温泉保健、森林度假、美食养生、客家风情、恐龙文化、红色旅游、乡村度假、农业观光等多样化的特色旅游资源,要依托丰富和极具特色的旅游资源,形成大产业,促进大发展。

大力发展现代生态农业。以最适宜发展农业的灯塔盆地为例，它面积大，涵盖了东源县的灯塔、涧头、双江、顺天、骆湖、漳溪、船塘、上莞，连平县的忠信、高莞、油溪、三角、大湖、绣缎，和平县的合水、公白、礼士17个镇。要抓住国家在灯塔盆地发展农业示范区的机遇，按照区域规划，实现产业化经营、品牌化营销、社会化服务。大力发展生态绿色无公害特色种植业、特色养殖业，提高农产品的附加值，提升农业经济效益。以特色农副产品专业镇建设为抓手，大力推行"一村一品"或"数村一品""一镇一业"的专业化生产。推进农业规模经营，重点推广粮油、蔬菜、食用菌、茶叶、水果等优良品种和畜禽良种；推广应用优质饲料、秸秆气化和青贮等绿色畜禽养殖技术；推广畜禽沼气、蔬菜生态循环立体农业，推广生物防治技术，推广使用生物复合肥料，大力使用有机肥。建立绿色农产品质量标准服务体系。大力发展"公司＋基地＋农户""专业合作社＋基地＋农户""专业协会＋基地＋农户"等农业产业化经营模式，提高农民的组织化程度，推进农业产业化。制定农业招商优惠政策，培育壮大农业龙头企业。

坚持走生态工业发展道路。建立起相当于生态系统的"生产者、消费者、还原者"的工业生态链，既要根据环境容量确定适度的发展产业，更要走生态工业发展之路，集中企业办园区，集约使用土地。重点培育发展农副产品深加工和绿色食品工业、生态中药产业、生态信息产业以及清洁能源和新型材料产业。以发展工业的魄力和胆识，大力推进万绿湖直饮水项目建设，加强与东莞、深圳、广州、惠州直饮水框架协议城市的沟通与协作，积极推动项目早立项、早动工，推进项目建设，真正让河源的生态优势转化为经济优势。

（本文刊载于《河源日报》2012年8月10日）

河源走生态文明发展之路面临的问题和对策

一、走生态发展之路问题探析

生态发展方面存在一些片面认识。从全省的角度看，河源定位为生态发展区。这样就可能存在一些片面的认识：认为保护生态的任务繁重，有足够的理由不发展；认为我市经济基础薄弱，要做大做强很难，受到生态保护的制约，条条框框多，引进资本会更加难；总认为要实现生态发展，没有省政府的转移支付，河源永远只有穷的份。凡此种种，都不利于河源的经济建设，不利于实现保护与发展双赢。

各种丰富的资源有待整合、利用。在生态方面，我市江河水质常年保持国家地表水Ⅰ—Ⅱ类标准，空气质量常年保持在一级水平，森林覆盖率70%以上，土地未受到重金属污染，但开发利用水平较低。我市是岭南文化发祥地之一，有越王庙、越王井、唐代正相塔、南宋龟峰塔、清代学宫、考棚、孙中山入粤始祖地等文物遗迹，有紫金花朝戏、忠信花灯、客家山歌、龙川杂技、和平采茶戏等非物质文化遗产。我市是中国革命策源地之一，中国共产党第一批共产党员刘尔崧、阮啸仙、刘琴西、周恩来、彭湃、徐向前、叶剑英等老一辈革命家都在河源留下了革命足迹；抗日战争和解放战争时期，河源是东江纵队和粤赣湘边纵队的重要根据地。河源各种丰富的资源是走可持续发展的重要载体，目前各种丰富的资源整合、利用、保护仍处于起步探索阶段，起点较低，没有发挥应有的经济价值，离错位竞争发展的目标较远。

生态发展任重而道远。我市经济基础十分薄弱，发展质量效益不高，农业产业化水平低，工业产业层次较低，以加工贸易和劳动密集型为主,．主导产业尚未形成，第三产业未能得到足够重视，基础设施规划建设滞后。环保设施建设滞后，城市污水、垃圾等污染物仍有相当部分没有得到有效处理。社会保障体系不健全，公共服务和社会管理水平低。我市与周边兄弟城市相比经济差距较大，以2010年财政一般预算收入为例，韶关市41亿元、清远市73亿元、云浮市24亿元、汕尾市26亿元，河源市25亿元，我市面临的压力可想而知，生态发展之路任重而道远。

二、实现生态发展的对策

树立正确的生态发展理念。生态是河源最大的优势。要树立一定要守住这片青山绿水观念。一切的发展均要以保护青山绿水为前提，走出一条有别于珠三角传统发展路径的绿色崛起之路，实现生产发展、生活富裕、生态优良。在保护生态资源的基础上，构建保护、投入、发展的良性循环格局，做到既保护好生态，又让老百姓富裕。同时，还要不断提高生态水平，绝不能走先污染再治理的老路，不能以牺牲环境、健康换取一时的发展。河源市不仅要守得住生态的优势，还要发挥好生态的优势。在产业转型升级中，坚持上一批大项目、新技术项目、高端项目和效益好的项目。不断优化投资环境，特别是优化发展的软环境，以优质的服务、良好的环境吸引各种人才来河源发展，以强大的人才作为经济发展的支撑。

做强做大生态休闲旅游产业。我市的区位优势日益凸显，随着多条高速公路的开通和规划建设，河源与泛珠三角的许多城市已经形成2小时经济生活圈，休闲度假游辐射的地域范围很广，拥有庞大的消费群体。我市拥有山水休闲、生态野趣、漂流历险、野外拓展、温泉保健、森林度假、美食养生、客家风情、恐龙文化、红色旅游、乡村度假、农业观光等多样化的特色旅游资源，要依托丰富和极具特色的旅游资源，形成大产业，促进大发展。建立完善以万绿湖国际会议度假中心为重点的湖滨休闲度假基地，以九连山黄牛石风景区、野趣沟等为重点的森林休闲度假基地,以龙源温泉、御临门温泉和热龙温泉等为重点的温泉保健休闲度假基地,以苏家围、南园古村、客家文化公园等为重点的客家风情度假基地,以恐龙遗址公园、佗城文化古城、市博物馆、紫金苏维埃旧址、苏区红屋、阮啸仙故居等为重点的恐龙文化、历史文化、红色旅游基地,以市区"两江四岸"黄金水道为重点的水上娱乐休闲基地,把河源建设成为泛珠三角旅游休闲度假后花园。

大力发展现代生态农业。河源发展农业具有独特的优势。以最适宜发展农业的灯塔盆地为例,它面积大,涵盖了东源县、连平县、和平县的17个镇。要抓住国家在灯塔盆地发展农业示范区的机遇,按照区域规划,实现产业化经营、品牌化营销、社会化服务。大力发展生态绿色无公害特色种植业、特色养殖业,提高农产品的附加值,提升农业经济效益。以特色农副产品专业镇建设为抓手,大力推行"一村一品"或"数村一品""一镇一业"的专业化生产。推进农业规模经营,重点推广粮油、蔬菜、食用菌、茶叶、水果等优良品种和畜禽良种;推广应用优质饲料、秸秆气化和青贮等绿色畜禽养殖技术;推广畜禽沼气、菜生态循环立体农业,推广生物防治技术,推广使用生物复合肥料,大力使用有机肥。建立绿色农产品质量标准服务体系。大力发展"公司+基地+农户""专业合作社+基地+农户""专业协会+基地+农户"等农业产业化经营模式,推进农业产业化。

坚持走生态工业发展道路。生态工业是指模拟生态系统的功能,建立起相当于生态系统的"生产者、消费者、还原者"的工业生态链,以低消耗、低(或无)污染,工业发展与生态环境协调为目标的工业。河源要走生态工业发展之路,即摒弃传统的发展模式,走经济循环发展之路,集中企业办园区,集约使用土地。要科学规划,形成循环经济生态链,做到工业设计生态化,产业选择集群化,垃圾处理生态化。重点培育发展农副产品深加工和绿色食品工业、生态中药产业、生态信息产业以及清洁能源和新型材料产业。大力推进万绿湖直饮水项目建设,加强与东莞、深圳、广州、惠州直饮水框架协议城市的沟通与协作,积极推动项目早立项、早动工,推进项目建设,真正让河源的生态优势转化为经济优势。

(本文刊载于《广东调研》2012年第9期)

推动我市经济转型崛起

从 2011 年至今，全国经济增速连续放缓，广东在连续五个季度放缓后，目前重拾升势，但领先于全国企稳回升的格局仍然有待进一步巩固。从世界经济格局来看，全球经济仍处于触底深度调整期。2012 年我市经济发展的各项经济指标均不理想，争先进位压力巨大。我市是欠发达地区，经济总量不大，处于不进是退、小进也是退、爬坡上坎的关键发展阶段，面对国际国内低迷的经济环境，如何才能破解我市经济发展的困局？在外需短期内难以明显好转的前景下，如何引领我市经济发展的引擎，避免经济出现大起大落？笔者认为，只有把扩大内需作为稳增长的立足点，当作产业转型升级的重要目标和方向，才能使我市经济保持稳定增长，才能为经济发展提供强劲动力和持久活力，推动经济转型崛起。

我市扩大内需工作在探索中前进。近年来，我市贯彻落实"扩内需、促消费、调结构"政策，实行"政府引导、规划先行、市场运作、扎实推进"的总体思路，积极组织企业参加"广货全国行"活动，有效地推动了我市扩内需工作加快发展，消费市场保持了较快增长。认真贯彻落实惠民利民政策，积极推进市场体系建设，完善了流通网络，促进了市场繁荣，社会消费品零售总额继续保持较快增长，扩内需、促消费工作取得了一定成效。以试点企业为实施主体，以改造乡村"农家店"为载体，紧紧围绕构建农村现代流通网络这个主题，积极推进"万村千乡市场工程"建设，至目前，全市已建配送中心 4 个；农家店 865 个，农村流通网络逐步建立。东江商贸物流城、市商业中心、河源义乌小商品城、市农副产品批发物流中心加快建设，推动形成了若干个各具特色和优势突出的城市商圈。推进市区农贸市场建设,新建市场5个、升级改造市场15个。从2008年开展省市共建河源手机升级工程以来,省财政先后支持重大技术改造和技术创新项目18个,支持额度达3460万元,我市财政配套资金800万元,拉动企业投资7亿元。通过集中各种资源优势支持太阳能光伏和新一代移动通信终端产业做强做大和转型升级,2012年14个重大项目获得省财政支持,支持额度达1753万元,拉动企业投资70亿元以上。我市"一区六园"已开发面积53平方公里,落户项目718个,投资额达1012.3亿元,4个园区被省政府认定为省产业转移工业园,是全省省级产业转移园最多的地级市之一。通过工业园区建设和产业项目的引进建设,就业人数达到16.63万人,园区及其工业的带动发展,大大地推动了消费能力和消费水平的提高。

扩内需取得了一定成效,但依然存在较大的问题与困难。一是市场体系不够完善。大型城市商业设施少,目前在河源经营的大型综合商场只有广百、人人乐、丽日和广晟等几家,且均是近几年才建成运营;综合性批发市场更加欠缺,商贸物流设施也不完善。近几年引进和建设的东江商贸物流城、市区东城商业中心、义乌小商品城等仍然未建成运营,市区农贸市场的建设改造工作也有待进一步加快。二是市场调节监督及规范执法的力度不够。对伪劣商品的生产、流通和销售的打击力度不够,各执法部门协调联动机制不够完善,开展运动式的专项行动多,日常联动监管措施少、打击力度小,消费环境不够优化。三是电子商务发展缓慢。缺乏电子商务平台,物流信息网站、电子商城、网店少,电子信息服务氛围不浓,电子商务发展缓慢。四是企业内销市场拓展意愿或能力不强。我市工业基础差、企业少,现有工业企业多为近10年来才引进发展的外资背景的企业,外向度高,多贴牌、代工生产,产品多销往境外市场,对内销市场开拓愿望不强烈。而市内民营企业、内资企业规模小、品牌小,在经营过程中,主要面向本市或本省市场进行产品研发和生产,在省外市场的知名度低,销售渠道和市场狭窄,市场拓展能力不足。五是缺乏内销市场商贸组织的支持,内销市场信息不畅。目前,我市驻外商会、协会等促进市内企业产品内销的商贸机构、组织少,尤其在省外几乎没有,在省内也只有深圳、佛山成立有河源商会，缺乏开拓内销市场的平台支持，企业对内销市场的信息掌握不灵通，在瞬息万变、竞争激烈的市场环境下，企业开拓内销市场的成本、困难和风险较大，市场竞争力不足。这些问题和不足在一定程度上影响了我市扩内需、促消费工作的深入开展。为此，必须采取切实可行的办法与措施，积极推动扩内需工作。

扩大内需必须抢抓机遇。目前开展扩内需工作正当其时，美国推出了第三轮量化宽松政策，欧洲稳定机制有效建立，新兴市场需求逐步提高，欧美和新兴市场国家经济在缓慢升温和增长，整体外部环境趋于好转。全国经济总体呈现良好态势，改革开放逐步深入，宏观调控空间加大，继续实施积极的财政政策和稳健的货币政策，经济发展的动力和活力进一步增强。省委、省政府关于培育幸福导向型产业体系、促进粤东西北地区城区扩容提质、创建幸福村居等一系列行动计划的深入实施，有力推动欠发达地区加快发展。河源在较长一段时期内将处于平稳发展态势，区位、资源、后发、成本等优势仍较突出，随着一批交通能源基础设施项目、生产性投资项目、大型服务业项目、社会事业项目的陆续动工和竣工投产，必将有力地拉动经济快速增长。机不可失，时不再来，扩大内需必须紧紧抓住以上这些机遇，适时谋划，把扩内需工作落到实处。

扩大内需必须以加大重点项目投资为落脚点。中国经济的"三驾马车"是出口、消费和投资。在当前经济形势较为低迷的情况下，要把扩内需的着力点放在加大投资促进经济有效增长上来。具体来说要抓好一批城乡基础设施项目、生产性投资项目、现代服务业项目和社会事业项目建设，主要包括交通能源工程、园区建设及工矿骨干工程、商贸流通及现代服务业工程、旅游开发工程、农林水工程、宜居城乡工程、社会事业建设工程七大方面，确保储备、竣工、投产一批项目，增强我市经济发展后劲。

拓展内需市场必须营造良好的消费环境。扩内需必须从保障市民放心消费上下功夫，不断提高市民的收入水平，健全完善医疗保障水平，特别是大病保障机制，防止因病致贫，巩固和完善失业保险、工伤保险、社会保险等社会保障，为市民消费创造良好的环境。充分利用国家出口退税、扩大内需等政策措施，鼓励出口企业扩大国际市场，开拓国际新兴市场。积极组织企业参加亚欧博览会、"泛珠洽谈会""中博会""山洽会"等大型经贸活动，引导企业积极参与广货网上行电子商务活动，推动河源产品走出广东，提高河源产品市场占有率；深入开展"家电下乡""万村千乡"等活动，鼓励企业大力开展节庆消费，不断扩大消费热点，促进企业开拓国内市场，推动我市商贸经济产销两旺，互动发展。

扩大内需必须着重培育民营经济。我市民营企业占到了全市 GDP 六成，占据了半壁江山。民营经济是促进我市经济发展的内生力量和生力军，在扩内需稳增长中发挥着日益重要的作用。要不断推动民营企业、本土企业发展，促进民营企业成为扩内需的主力军。牢固树立"抓服务就是抓发展"的意识，通过网上审批系统和电子监察系统应用，清理各种名目的乱收费，加快建立市县政府、部门、中小企业协调联动机制，限期处理涉及中小企业的审批、投诉等事务，简化审批程序，改善服务质量，提高办事效率，打造优质、高效、亲商、爱商的政务环境；继续贯彻落实好国家、省、市鼓励民营企业发展的优惠政策，使财政资金引导、税收优惠和税费减免等政策普惠广大中小微企业。加快完善中小微企业综合服务平台，搭建银企互动合作平台，加快信用和担保体系建设，建立起以市、县（市、区）政府政策性担保机构为龙头、商业性担保和民间互助性担保为两翼、多层担保、联保、互保的担保信用体系，为民营企业创造融资条件。

扩大内需必须着重加强流通服务平台建设。完善的诚信体系和市场监管体系，公平公正的交易平台，是经济加快发展的关键。一是努力构建现代物流网络。充分依托市区南部的市高新区、市区北部的东源县仙塘镇、华南地区最大的龙川铁路编组站规划区域，推进建设 3 个区位优越、规模合理、运作规范，集市场信息、仓储配送、多式联运及展示、交易等功能于一体的现代物流园区；在市区及各县城启动建设物流配送中心；扶持发展实力较强的第三方物流企业，加快建立综合性与专业性并存的多层次物流配送体系。二是加快发展现代服务业。积极培育一批上规模的物流企业，重点推进东江商贸物流城、东城区商业中心、河源义乌小商品城、市农副产品批发物流中心建设,推动形成若干个各具特色和优势突出的城市商圈;加快发展大型超市、连锁经营、电子商务、物联网等新型业态,积极发展工业设计、文化创意、服务外包等生产性服务业;加快发展会计、资产评估、信息咨询、经纪代理、法律、融资担保、技术中介等服务业,为新工业化提供支撑。

(本文刊载于《河源论坛》2013年第1期)

在深莞惠 3+2 经济圈子里面好发展

深圳东进，河源南融，深莞惠 3+2 经济圈，一幅壮丽的经济发展画卷徐徐在五市人民面前展开，这是一个多赢的发展格局，这是一个充满生机与活力的格局，充分体现省委省政府的英明决策，充分体现了新时期广东人敢想敢干的胸襟与气魄。深圳、东莞、惠州、河源、汕尾五个市曾经同属一个地区，历史渊源深厚，现在同为一个圈，正应了合久必分、分久必合的老话。五个市虽然分开了，但经贸联系、人员往来仍然十分密切，协同发展有很好的基础。五市主导产业、创新能力各具特色，产业结构差异较大、互补性强。在大好的合作前景之下，河源作为欠发达地区在观望中前进，还是要主动作为？在圈子里要如何作为？从哪些方面着手进行对接？

一、3+2 经济圈首先是要让群众得到实惠的经济圈

广东是全国的经济强省，经济总量在全国占有较大的比重，但全省的经济发展不平衡，经济发展区与粤东西北发展差距高下立判，贫富差距大的格局几乎是全国的缩影。党的十八大提出了"两个一百年"的奋斗目标，我省也提出要在全国率先实现脱贫奔康的目标，在此背景下，推动 3+2 经济圈协同发展，意义重大，影响深远。但不管怎么规划、怎么发展、怎么对接，关键之处就是要紧紧抓住惠民生、促发展这个永恒不变的主题，离开群众，脱离群众，离开改善人民生活水平的发展，就不会受到人民的欢迎，就不是真的发展，比如当深莞进行产业转移，进行腾笼换鸟的时候，就不能将口碑不好、有污染的企业

往欠发达地区一转了事，要帮助达不到要求的企业，抓住在新的城市腾挪转移的机遇，实行产品更新、产业升级换代提质。每一项发展的措施，都要站在群众的方便、实用角度考虑问题，作出决策。让五市的群众都参与到3+2经济圈子里来谋发展、找机会、赚大钱。要避免高层热底层冷的现象出现，要让广大人民真正参与到3+2经济圈来，共同推动经济圈繁荣。

二、3+2经济圈是优势互补的经济圈

3+2经济圈中的两极深圳、东莞城市是引擎，起到带动和引领的作用，汕尾、河源也不是被动接受。深圳市第六次党代会提出，要不断缩小原特区内外和东西部地区发展差距。放眼包括深圳、东莞、惠州、河源、汕尾在内的"3+2"都市圈，该区域用地面积达37179平方公里，占广东省的20.7%。深圳东部地区+惠州+河源+汕尾GDP总量只占该都市圈总量的36%，提升空间巨大。按深圳市的行话来说，实施东进战略，正是深圳贯彻国家"一带一路"和泛珠三角区域合作战略的主动作为，是落实省委振兴粤东西北战略的积极行动，是新的历史时期谋划更高质量发展的重要选择。有利于改变深圳"西强东弱、西密东疏"的不均衡城市格局，破解城市发展的瓶颈难题，实现高端要素扩容；有利于推动东部地区发挥后发优势，促进形成新的城市发展中心，打造未来深圳发展第三极；有利于拓展发展空间，发挥深圳经济中心城市辐射带动作用，推动深莞惠经济圈3+2建设，促进与粤东粤北联动发展。从以上内容来看，深圳实施东进战略，是在巩固提升完善深圳的格局，是走出一条崭新的发展之路，在帮助别人的同时，也在提升自己。河源的"南融行动"早在2014年萌动。我市70%的外来企业来自深圳，河源生产的优质农产品60%供应深圳市场，河源有60万人在深圳务工创业，河源日益成为深圳发展的战略腹地，已具备对接深圳"东进战略"的良好基础。对于五个县是贫困县的河源来说，千载难逢的发展机遇就摆在面前，机不可失、时不再来。"五个一体化"即产业一体化、交通一体化、农业一体化、环保一体化、社会事业一体化，是河源南融的战略

路径。在深莞惠经济圈里面发展,"五个一体化"如期实现,必将为河源注入强大的动能。

三、3+2 经济圈是自我发奋图强的经济圈

哲学上论事物变化发展,内因是根据,外因是条件,外因通过内因起作用。现在 3+2 经济圈的大势已起,关键还是靠河源人的内因起作用。内因不起作用,机遇虽好,可能收获不多。在 3+2 经济圈,我市要顺势而为,一要在圈中遇事好商量。亲戚走少了就陌生,朋友走多了就亲近。同样的道理,在经济圈中,我市要有出山入海的胆识,主动走出去,走进政府高层,走进工厂企业,走近广大民众,推广河源各种得天独厚与众不同的生态、资源和投资环境,推广河源客家文化,让圈子的朋友对河源增添好感。遇到难办的事、急需办的事与圈内大佬多沟通多商量。二要互惠共赢。深圳东进,既是省委省政府的要求,又是自身发展的需要。东莞有世界工厂之称,产业要转移,厂家愿意来河源,主要是看河源是否有利可图、有钱可赚,在河源能真正享受到"赚钱多、麻烦少、身体好"。任何一方在付出的同时,都能得到相关的互惠,这条路才能久远。三要奋发图强。河源的事情,还是要河源人来办。河源缺什么,要补什么,必须了然于胸。一个鸡蛋不起作用,再多的母鸡都孵不出小鸡来。因此,河源要脱贫致富,就必须要在 3+2 经济圈中比别人起得早,比别人更勤快、更卖力,集聚各方英才为我所用,方能迎来勃勃生机。

(本文刊载于《河源乡情报》2016 年 6 月 27 日)

掌握重点　突破难点
——村级换届选举工作的探讨

村、社区（统称村级）是国家政权的延伸，是党全部工作和战斗力的基础。村、社区换届选举工作是人民群众当家做主，行使选举权与被选举权的民主体现，是最重要的政治生活之一。当前，我市村级换届选举试点工作已全面铺开，随后全市村级换届也将全面进行。现就新形势下做好村级换届工作进行相关探讨。

村级班子存在的主要问题。一是村干部结构不够合理。理想的班子结构是梯次结构，老、中、青相结合。目前，我市仍有相当部分村，地处偏远。年轻人、村里大学毕业生大多数都流向经济发达地区。村干部学历以高中、初中、小学居多，学历不高、水平不够制约了新农村发展。二是班子带动能力不强。有些村干部服务意识淡薄，创新发展能力差，等、靠、要依赖思想严重，机械性地完成工作任务，创新发展点子不多，班子换了一届又一届，村容村貌"涛声依旧"，村民生活不见起色。三是村班子凝聚力不够。有些村班子虽然在一起共事，历史原因造成不团结、思维固化、内部扯皮、相互诋毁，关系紧张，干群矛盾突出。四是有些村级干部为民服务意识差。

影响村级换届选举的主要问题。一是历史遗留问题的影响。党务村务财务公开力度不够，财务管理混乱；征地拆迁安置、低保五保、惠农惠民政策落实不公；土地承包和林权纠纷没有得到妥善解决等积累的矛盾和问题。二是姓氏、宗族派系的影响。在农村，传统的姓氏、宗族派系观念一时还难以消除，这些矛盾在选举时就会集中暴露出来，影响了优秀干部脱颖而出。三是竞选目的不纯。随着村干部报酬和村级工作经费的提高，特别是一些资源较丰富、集体经济富裕的村，少数人因私利驱动而参选。四是村官能人难找。个别村"能人"不愿当村干部，愿当村干部的不是"能人"。少数原任村干部经验丰富，能力较强，但在平时的工作中得罪了一些人，失去了一部分群众的拥护和支持，进村级领导班子较难。年轻人外出务工较多的村，后备人才匮乏。

产生问题的主要原因分析。一是选民对选举权不够重视。部分选民民主法制意识不强，认为民主选举不过是形式主义，缺乏主见，凭关系亲疏、个人好恶、利益轻重随意投票。一些村历史遗留问题解决不及时，干群关系紧张，影响到换届选举。二是对不稳定因素应急预案不周。工作失误纠正不及时，造成动机不纯者借机生事。三是村委干部竞争加剧。随着"三农"的支持力度逐年增加，村的项目建设、征地拆迁等利益因素的影响，村干部补贴报酬提高，面向村招录机关工作人员，岗位吸引力不断增强，村级换届选举的竞选参与面和程度都将更加激烈。

做好村级换届的主要措施。一是营造换届选举的良好氛围。通过电视、广播、报刊等新闻媒体，大力宣传村、社区"两委"换届选举的目的意义、法律法规和程序方法等。让选民充分感受到选举的公正性与透明度，提高基层干部群众的民主法制意识。引导村民把注意力集中到换届选举工作中来，认识换届选举的意义和作用。对外出的选民，争取他们回乡参加选举，对不能回家现场参选的村民，依法制定严格的委托办法。按照"三登五不登"的要求对选民资格严格认定。二是及时化解矛盾纠纷。对矛盾较为突出的村，要认真分析矛盾产生的根源和症结，把换届选举作为处理村级长年累积问题的重要时间节点，积极寻求化解矛盾的对策，切实维护群众利益，保持基层稳定。对换届选举中出现的宗族、帮派问题，以正面教育为主，对违法犯罪的予以坚决打击。引导选民认清贿选者"以钱谋权"得逞后，实施"以权谋私"的实质和危害，加强反面警示教育，对拉票贿选典型案例要及时通报，并在新闻媒体公开曝光，以达到震慑效果。提前做好应急预案，对于出现选举会场无理取闹、砸毁票箱、冲击会场的行为，坚决给予制止，造成违法犯罪的，应绳之以法，以维护选举秩序和选举的严肃性。三是改进选民登记、选举方式。设立足够数量的登记站，简化登记手续，外出选民多的村，依照法定程序，加强对委托投票的审查把关，限制不当委托，防止无效委托，制止违法委托，委托投票实现依法依规进行。选举委员会要教育广大选民充分珍惜自己的民主权利，动员有条件的选民尽量亲自到场参加投票，真正按照自己的意愿选好带领村民奔小康的带头人。为提高参选率，尽量为选民登记提供方便、快捷、优质的服务。对因身体病残、行动不便的选民，可设立专门的流动票箱上门接受投票。对于文盲选民，可指定工作人员为其代写选票。通过对委托投票依法进行严格的审核和有效的控制，对妨害和破坏选举的行为依法进行有力的打击，以确保选举工作依法、规范、有序进行。四是推荐和选拔好村干部。把思想政治素质好、真心实意为群众服务的人选进村级领导班子。根据我市村级能人多外出经商、不在村居住或不肯为村服务的现状，特别是村级一把手的人选，驻村驻队工作人员要有刘备请诸葛亮出山"三顾茅庐"的精神，登门求贤，动之以情、晓之以理，让优秀人才到村工作。真正按市委提出的"选好一届受益三年，选好一人，受益全村"的目标，将班子配备好。同时，要确保村"两委"至少有一名妇女干部当选。五是做好换届后续相关工作。选举结束并不是村级工作的终点，而是做好村级工作的开始。要依法依规切实做好新老班子交接，完成印章、财务账本、经营资产、档案资料、办公设施及其他事务的交接手续。对村"两委"班子集中培训，提高他们的工作能力，对落选或退下来的班子成员做好思想工作。

（本文刊载于《河源日报》2014年1月4日）

人大论文篇

| 在路上 |
ZAILUSHANG

坚持与时俱进　增强代表履职的生机与活力

当选人大代表既是人民群众的信任，又肩负着人民群众的新期待。人大代表来自人民，人大代表具有为群众服务的群众基础，但在实践中，有些问题和困难阻碍了代表职能的发挥。面对纷繁复杂的情况，笔者认为，人大代表只要把握与时俱进这个"利器"，就能站在较高的层面上尽好责、履好职。

充分认识与时俱进的重要性和必要性

马克思指出[1]："生产关系的总和构成社会的经济结构，即有法律的和政治的上层建筑竖立其上并有一定的社会意识形式与之相适应的现实基础。物质生活的生产方式制约着整个社会生活、政治生活和精神生活的过程。"社会在发展，人类物质生活日益丰富，人类文明在不断发展进步之中，与之相适应的经济、政治、文化诸多领域不断地从低级阶段向高级阶段发展。实践永无止境，发展和创新也永无止境。因此，与时俱进就成为时代的主旋律，与时俱进就只有进行时，没有完成时。

（一）人民代表大会制度必须在与时俱进中发展和完善。人民代表大会制度优越性就在于能够把亿万中国人民的意志和力量凝聚起来，制度本身具有面向未来、面向实践、与时俱进的属性和品格。社会主义的本质，是解放生产力，发展生产力，消灭剥削，消除两极分化，最终达到共同富裕[2]。人民代表大会制度为实现最广泛的人民民主，为实现国家富强、民族振兴、人民幸福，奠定了坚实的制度基础,确立了正确的前进方向,开辟了广阔的发展前景。纵观我国人民代表大会制度发展的历程,无论是人大组织、立法、监督、决定、任免、选举、代表、会议等体制机制,还是在改革开放至今,人民代表大会制度都是在不断地发展和不断完善之中。在新形势下,我国正处于社会转型时期,新情况、新挑战层出不穷,人民代表只有与时俱进,才能找到解决问题的上上之策,保持代表履职的生机和活力。

(二)全面建成小康社会需要与时俱进。党的十八大提出了"两个一百年"奋斗目标[3],提出了实现中华民族伟大复兴的中国梦。蓝图已经绘就,实现百年奋斗目标,需要全国人民的苦干、实干和巧干,需要有宽广的世界眼光与视野,需要低头拉车和抬头看路相结合,需要提高人民政治参与积极性。在全国人民建设小康社会的进程中,人大代表必须更加密切地同人民群众保持血肉联系,人大代表应更有作为,贴近实际,建言献策,充分发挥应有的作用,体现自身能力和价值,凝聚各方力量参与社会主义现代化建设,早日实现党提出的远大目标。

(三)解决发展中的矛盾和问题需要与时俱进。我国经济社会快速发展,从世界经济发展的轨迹来看,人均 GDP 处于 1000—3000 美元的时期是社会矛盾凸显期,经济和社会既可能高速发展,也可能停滞不前,甚至出现倒退。当前我国正处在发展转型时期,可能面临贫富差距、就业压力、腐败、金融风险等社会问题,同时,我国改革进入攻坚期和深水区,需要触及深层次问题,涉及利益关系重新调整,统筹协调的难度加大。处理解决这些问题,需要权力机关的人大代表与时俱进加强学习,掌握过硬的现代本领,提高驾驭复杂局面的能力。

代表履职面临的问题

我国幅员辽阔,人口众多,人大代表来自社会各个阶层,职业也千差万别,一些存在的问题,影响了代表职能的发挥。

（一）认识上产生的误区。2012年12月湖南省衡阳市在差额选举湖南省人大代表的过程中，发生了严重的以贿赂手段破坏选举的违纪违法案件[4]。案例说明，有的代表对代表的作用认识模糊，把代表身份看成高人一等的"社会地位""荣誉称号""政治待遇"，甚至把代表的言论表决免究权、人身特别保护权当成"护身符"。认为当了代表受约束少了，认识的人多了，把人民赋予的权力，为人民履行的职责抛之脑后。极个别代表甚至为非作歹、贪污受贿、横行霸道，这样的代表虽然不多，但影响恶劣，败坏社会风气。

（二）联系群众不够。一是党员代表联系党内多，联系党外少，过多地强调人大代表中的"党性"，依法履职时，代表选民意愿方面有所弱化，有时会认为自己是党员，开会发言要让给非党代表，弱化了代表的职能。二是有些代表联系选民不够紧密。代表虽然能够按照规定，采取多种方式经常听取人民群众对代表履职的意见，答复选区选民或选举单位对代表工作和代表活动的询问，接受监督，但代表联系选区选民的次数和时间不明确，随意性较大。三是存在"被代表"现象。如全国人大代表一个几百万人口的市才几个名额，几个人大代表要面对全市几百万人，有时会出现百姓不知道谁是全国人大代表，有了困难和建议也难以与代表沟通。代表提出的议案，是代表选区内选民的意见，还是代表本人的意见界限难以划分。很多选民对代表提出的议案不清楚，存在"被代表"的现象。此外，选区内选民不认识基层代表，基层代表与选民"鱼水"关系互相断层的现象也不少。

（三）调查研究不够。调查研究是谋事之道，成事之基。人大代表、常委会组成人员来自各行各业，对同一问题的了解和判断就存在差别，具有一定的局限性。加强调查研究可以为人大及其常委会科学决策提供依据，为人大有效行使职权提供决策参考。有的代表认为人大调研不能直接解决问题，调查研究的方式比较简单、滞后，调查时间短，许多调研活动浅尝辄止或走过场，了解情况不多，研究深度不够，调查报告质量不高，指导性不强，决策参考价值不高。此外，人大代表履职范围宽广，内容丰富，涉及法律、经济、金融、环保等社会生活的方方面面，履职的专业知识要求较高，代表必须提高参政议政水平和能力等。

与时俱进做好代表履职工作

全国 260 多万人大代表是各级人民代表大会的主体，是各级国家权力机关的组成人员，代表人民的利益和意志，依法行使国家权力。代表履职必须坚持党的宗旨意识、法制意识、创新意识不变，履职能力、活动形式、密切联系群众等方面要与时俱进。

（一）把握好履职工作中的三个不变。一是党的宗旨意识不变。人大工作是党和国家工作的重要组成部分，涉及中国特色社会主义事业总体布局的方方面面，事关改革开放和社会主义现代化建设的顺利进行[5]。在重大原则问题上，要与党保持一致，把对党负责与对人民负责统一起来，要坚定不移地贯彻党的主张，实现党的意图，保证人大工作沿着正确的政治方向前进。坚持党管干部与人大依法任免干部相统一，切实维护党委总揽全局、协调各方的领导核心地位。二是法制意识不变。要坚持依法办事，按制度办事，按程序办事。人大代表必须增强法律意识，带头学法、用法、守法，成为社会遵纪守法的带头人，成为社会进步的风向标。三是创新意识不变。创新是推动工作的动力，没有创新就没有发展。在坚持和完善人民代表大会制度，保障人民群众根本利益的基础上，以宪法和法律为准绳，创造性地开展工作，以新观念、新机制、新举措，提升人大代表履职的生机与活力。

（二）履职能力要与时俱进。学习永无止境，作风建设永远在路上，要不断提高代表素质，增强履职的能力与本领。要在各级代表认真学习十八大和十八届三中全会精神，自身加强学习的基础上，有针对性地做好代表培训工作，让代表集中在一起学习最新的政策、时事、必备的业务知识。通过专题讲座、座谈交流、组织代表实地考察等多种形式，不断提高代表的理论政策水平、法律素养和参与管理国家事务的能力，不断提高代表的综合素质、履职能力、履职水平和履职自觉性。

（三）代表活动形式要与时俱进。一是建立完善代表履职激励机制。开展代表向原选举单位和选民述职及选民评议代表活动，建立代表执行职务情况的登记、考核和评比制度，提高代表的履职意识。认真组织开展形式多样的代表活动，建立代表评比措施和奖励制度，对长期不参加代表活动、不联系选民、不提建议意见、不为民办实事的代表要劝其辞职。在政治上要关心和支持干部代表，在选拔、推荐、使用上予以优先考虑。二是为代表履职提供必要条件。党委政府要对人大代表履行职务有足够的重视和支持，为代表依法履职提供组织保障和经费保障。完善代表议政履职误工考勤及适当给予经济补偿制度，保证代表活动正常开展。三是扎实开展调查研究。调查研究是人大代表的基础性工作，通过调查研究抓住主要矛盾，发现工作中存在的普遍性、倾向性问题，提出解决问题的建议、意见。调研要深入、广泛、细致、掌握翔实资料，对资料进行认真分析研究，去粗取精、去伪存真，对事关全局、群众关心的重点、热点、难点问题，通过深入分析和理性思考，将感性认识上升到理性认识，撰写高质量的报告，为代表做好工作奠定坚实的基础。

（四）密切联系群众要与时俱进。一是代表与人大常委会组成人员、"一府两院"负责人、党政主要领导联系要与时俱进。倡导人大代表与人大常委会组成人员、"一府两院"负责人、党政主要领导联络直通车制度，让闭会期间人大代表可以将民众的要求与呼声，以最快的速度传递到决策层。二是加强代表与群众联系阵地建设。发挥代表的桥梁、纽带作用，建好代表议政室，使代表组织活动有场所，人民群众反映诉求有地方。三是加大对代表履职的宣传。利用报纸、电视台、广播电台、网站等新闻媒体大力宣传代表履职的风范和先进典型。真实反映和宣传各级代表的突出贡献和重要作用，为代表开展活动、履行职务营造良好的舆论氛围。通过宣传，让选民熟悉身边的人大代表，增加选民与代表的紧密联系。四是建立联系选民的新平台。建立人大代表个人网页，公布代表的联系方式，开通辖区内人大代表的微信、微博平台，让选民足不出户就能与代表进行实时互动。

注释：

[1]《马克思恩格斯选集》中文第二版，第2卷，第32页。

[2]《邓小平文选》，第2卷，第165页。

[3] 十八大报告提出两个百年奋斗目标：一个是在中国共产党成立一百年时全面建成小康社会，一个是在新中国成立一百年时建成富强民主文明和谐的社会主义现代化国家。

[4] 2013年12月28日新华社报道《湖南衡阳贿选案始末》。

[5] 摘自2013年3月8日全国人大常委会委员长吴邦国工作报告《紧紧围绕党和国家工作大局开展人大工作》。

（本文刊载于《河源论坛》2014年第4期）

人大代表在全面推进依法治国中作用的研究

　　法律是人类最伟大的发明。别的发明让人类学会驾驭自然，而法律的发明，则令人类学会如何驾驭自己。保持经济社会平稳向前发展，必须让法律成为全民的共识。十八届四中全会通过了《中共中央关于全面推进依法治国若干重大问题的决定》，依法治国由此开启新的时代，从政治层面走向全面、系统的法治实践。人大代表受人民委托、代表人民管理国家和社会事务，主要享有审议权，表决权，提名权，选举权，提出议案权，质询权，提出罢免案权，提出建议、批评、意见权，提议权，言论表决免究权，人身特别保护权，执行代表职务保障权等权利。法治建设的难点和着力点在基层，人大代表离群众最近，表率、示范和引领作用最为明显，宪法和法律赋予了人大代表的各项职权，人大代表在全面推进依法治国实践中，要充分发挥职权作用，推动依法治国上新水平、新台阶。

推进依法治国
人大代表要敢于作为

　　建设法治国家，营造公平公正的法治环境，让一流法治环境成为新时期最显著、最核心的竞争力，是每个代表的梦想和追求。在推进依法治国方面，人大代表要善于作为，敢于作为。

　　一是旗帜鲜明地践行依法治国。坚持依法治国不动摇，让法律成为公民的信仰。十八届四中全会提出"坚持依法治国、依法执政、依法行政共同推进，坚持法治国家、法治政府、法治社会一体建设，实现科学立法、严格执法、公正司法、全民守法，促进国家治理体系和治理能力现代化"，完全符合人们对规则、公平、正义的期待，有利于营造公平公正的法治环境，充分保障各种群体的合法权益，促进经济发展。法治环境在经济发展中的作用具有根本性、长期性和稳定性，无章可循或有章不循，就会失去一个公平诚信的市场环境、规范有序的法治环境。人大代表鲜明地践行依法治国，就会增强全社会厉行法治积极性和主动性，对市民个人来说，守法就成为一种生活方式，全社会就形成守法光荣、违法可耻氛围，成为社会主义法治忠实崇尚者、自觉遵守者、坚定捍卫者，公民自觉把法律作为日常生活的信仰和行为准则。

二是加强"一府两院"的监督。当前，改革发展稳定压力较大，一些政府部门运用法治思维和法治方式处理问题的能力依然不足，社会治理能力和水平仍然有待提高。"行政机关要坚持法无授权不可为，法定职责必须为"，要以依法执政为核心，以依法行政、公正司法为重点，加快依法治国进程。要深化行政审批制度改革，进一步精简规范行政审批，取消、下放行政审批事项，不断加大信息公开力度。各级人大代表要加强对政府规范性文件的审查，让政府在宪法和法律规定的范围内运行，坚决根治让老百姓感觉无可适从的文件打架、侵害群众利益现象。认真听取、审议政府工作报告，提出具有针对性、可操作性的决议。监督检查法律实施的情况，解决法律实施中存在的问题和改进执法工作。对有关国家机关及其工作人员违法失职行为的申诉、控告和检举认真受理，保护公民、法人或其他组织的合法权益。依法对有关国家机关提出质询并要求答复。针对某一重大问题依法组织调查，作出相应的决议。高举罢免和撤职利剑，对违法乱纪而不称职的有关国家机关工作人员实行零容忍。通过人大的检查、指导、监督、罢免和撤职等有力的措施，确保政府机关及其工作人员施政、作为不偏离宪法和法律的轨道，司法作为社会救济的最后一道防线稳如泰山，社会公平正义得到维护。在全社会形成办事依法、遇事找法、解决问题用法、化解矛盾靠法的良好法治生态。

三是敢于纠正有法不依行为。要有壮士断腕的精神、猛药去疴的决心，敢于纠正发生在自己身边的各种有法不依、执法不严、违法不究的行为。从群众身边小事做起，从关系群众切身利益的征地拆迁、行政审批、救灾救济等方面入手，找准一些具体的案件进行跟进，让政府机关及其工作人员的不作为、乱作为得到及时发现、遏制、纠正。当前一些领导干部运用法治思维和法治方式解决问题化解矛盾的能力不足，依法决策、依法办事水平不够，依法行政能力不强，学法、懂法、用法积极性不高，有法不依、执法不严、违法不究现象仍然存在，影响了社会公平正义。人大代表必须在依法治国的全过程中，带头学法、懂法、用法，特别是要求主要负责同志要带头推动法治建设，坚定落实全面推进依法治国的决策部署，带头做法治建设的"实践者"和"捍卫者"，不以个人好恶以权压法、以权代法，不给办案人员递条子、打招呼。"上有好者，下必有甚焉者矣。"如果人大代表言必讲法，行必遵法，时时处处以法律为准绳，全社会必然形成爱法、用法、拥法、护法的良好风尚，依法办事就会成为新时尚，依法治国就会成为活水源头，就会得到全社会的推崇践行。

推进依法治国
人大代表要推进民主科学决策

孟德斯鸠说："一切有权力的人都爱滥用权力，直到有限制的地方为止。"各种腐败案件一再证明，缺乏有效制约的权力是危险的，会导致权力的滥用。人大代表在推进依法治国工作中，要着重从权力运行的决策源头上加强监督。

一是推进重大事项民主决策。重大行政决策，是指由较高层级行政机关作出、需要耗费巨额人财物资源、旨在提供重要的公共物品、会产生重大社会影响的行政决策。重大决策的影响范围广、涉及面宽，一旦决策失误，造成的损失将无法估量。在重大决策的酝酿、提议、决策、实施的全过程都必须做到有法可依，必须扩大公众参与，从源头上预防和惩治腐败的产生。要在保障民主选举、民主监督、民主管理和民主决策等权利基础上，继续扩大民主权利，落实参与权、表达权、知情权、程序权和监督权，重点保障公民参与党委政府决策、参与制度建设，形成人人参与、人人知情、人人监督的民主氛围。

二是推进重大事项依法决策。所有重大行政决策都应当顺应法治化发展的趋势，严格遵循依法行政原则，对决策主体、权限、程序、内容等多个方面加以全面规范，通过合法性审查，避免法外行政、违法决策、法外决策、随意决策、非理性决策，避免决策权被滥用或者误用，最大限度地降低决策风险和避免决策失误，确保出台的决策合情、合理、合法。健全重大行政决策机制，重大行政决策未经人大和政府法制机构合法性审查或经审查不合法的，不得作出决策。各级政府均应设立法律顾问室，对关系全局经济社会发展的重大决策，必须报同级人大，同时进行法律咨询和向社会公示。

三是让决策真正造福于民。加快建立决策失误终身责任追究制度，对决策严重失误或久拖不决造成重大失误、影响恶劣的，要严格追究责任。加强对行政复议、行政处罚、行政许可、行政强制、政府信息公开等监督检查，高度重视舆论监督，及时依法处理群众举报投诉、新闻媒体反映的各种决策失误问题。加强对各级行政首长为重点的行政问责制度监督，凡发生有令不行、有禁不止、行政不作为或乱作为等违法违纪行为，要严肃追究行政首长及相关人员的责任，该罢免的罢免。

推进依法治国
人大代表要关注弱势群体

要体现司法公平，让弱势群体打得起官司，人大代表必须重点抓好法律援助的监督实施，让人民群众的合法权益得到有效保护。

一是关注法律援助机构建设。法律援助既是政府的责任，也是一项社会事业。当前，有限的法律援助资源与大量的法律援助需求之间的矛盾较突出。一方面有众多的法律援助需求者，法律援助的需求量越来越大。另一方面，法律援助资源有限，有的法律援助承办单位将援助案件大多交由年轻律师和实习律师办理，缺乏资深律师必要的指导，办案质量不高。法律援助工作是依法治国不可或缺的事业，要真正把法律援助事业纳入党委、政府的重要议事日程，建立起政府对法律援助的最低经费保障标准，积极开辟多元化法律援助资金投入保障机制。

二是关注法律援助群体的覆盖范围。东江水暖鸭先知，群众的冷暖，人大代表首先感知。要让村居、乡镇街道司法所、民政所参与出具经济困难证明，并由司法所代为向申请人单位或村居核实。探索建立困难群众申请法律援助免审查经济困难制度。民政部门应建立困难群众资料库，将城镇低保、农村低保等群众纳入，凡是困难群众资料库中的，申请法律援助均免审查经济状况，无须申请人再到村居、乡镇街道开证明。对临时困难的群体也应建立特殊法律援助通道，将法律援助覆盖全体困难群众。

三是关注法律援助效果。法律援助是党和政府密切联系人民群众的桥梁，是党和政府联系群众的政府责任，体现党和政府对社会弱势群体的关爱。但法律援助制度毕竟还处在雏形阶段，现实中有些承办人员在办理法律援助案件工作中走过场，准备不认真细致，直接影响案件质量，法律援助让老百姓心存疑虑。因此，人大要从探索建立和完善专职法律援助律师制度着手，加大法律援助的宣传，提高法律援助的服务质量，让法律援助的成功案例鼓舞广大群众，让他们能够熟悉掌握法律援助的有关规定。切实解决弱势群众"请不起律师，打不起官司"的难题，最大限度地满足困难群体的法律需求。

推进依法治国
不断加强人大代表履职能力建设

党中央在新形势下确立了"四个全面"的战略，这就要求人大代表要把思想、认识和行动统一到"四个全面"中来，特别是在"全面依法治国"的伟大实践中充分发挥作用。

一是想方设法加强代表履职能力建设。加强人大代表对宪法和《地方组织法》《监督法》《预算法》等法律法规的学习，让代表在履职时法律知识全局在胸，准确全面掌握法律的精神实质，坚持用依宪治国的理念来统领人大各项工作。加强人大业务知识的学习，熟悉人大工作的法定程序和工作原则，通过强化学习，不断提升依法行使权力、履行职责和开展工作的意识，时时处处遵从法律，做到不唯书、不唯上、不唯权、只唯实。灵活多样地组织代表开展专题视察、专题调研、执法检查等活动，不断丰富闭会期间代表活动内容，更好地调动代表依法履职、建言献策的积极性和主动性。鼓励基层人大代表在开会时提出真知灼见，为民众疾苦大胆发言，提高他们对自身的地位、作用和职责的认识，让他们增强"人民选我当代表，我当代表为人民"的责任感和光荣感。

二是代表要融入人民群众之中。人大代表来自人民，与人民群众具有天然密切的联系优势，人大代表起到沟通政府与广大群众纽带和桥梁的作用，也是全面推进依法治国的实践者和参与者。在依法治国的实践中，要充分发挥人大代表和选民群众紧密联系的优势，让各级人大代表深入实际，深入基层，深入劳动生产一线，与群众打成一片，集中民意、反映民智，做群众的贴心人，把人民群众的所思所盼、所焦所虑原原本本收集起来，做好下情上传工作。同时将党的惠民政策宣传好、解释好，做好上情下达，使各项政策措施阳光运作，确保人民群众的知情权、参与权。人大代表要到群众中宣传解释党的十八届四中全会依法治国精神，提高广大群众学法、用法和守法的自觉性。

三是为代表履职提供必要的条件。克服一些对人民代表大会制度的性质、地位和作用的模糊认识，采取有效的办法，切实维护人大代表积极性、主动性和创造性。一是扩大舆论宣传，营造良好的舆论环境，让人大代表的社会地位得到提高。二是确保履职所需的各项工作经费，为代表履职提供后勤服务。三是对人民群众最关心、最直接、最现实的利益问题，涉及重大建设或重大事项进行专题调研，建立和完善"一府两院"直接联系面见人大代表的制度，对人大代表的建议、议案、质询情况进行定期受理、办结、答复。

（本文是2015年8月广东省人大制度研究会第26次研讨会入选论文）

关于人大讨论决定重大事项制度的思考

人大讨论决定重大事项是宪法和法律赋予人大的一项重要职权,各级政府重大决策出台前向本级人大报告,体现了人民代表大会制度的重要原则和制度设计的基本要求,是确保党的主张通过法定程序成为国家意志的重要途径,是人民依法管理国家事务、管理经济和文化事业、管理社会事务的重要形式。人大讨论决定重大事项总体情况如何?存在哪些主要问题?产生的原因是什么?本文就相关问题进行了专门的研究,在研究的基础上,结合具体的工作实践,提出五点意见和建议。

人大决定重大事项的现状

从各地实行的人大讨论决定重大事项制度来看,主要有三个方面的基本情况。

(一)决定的重大事项重点突出。各地将涉及经济社会民生等具体的重大事项详细列举,体现在四个方面:一是必须作出决议、决定的重大事项。主要包括党委建议的重大事项;遵守和执行宪法、法律、法规等所采取的重大措施;加强社会主义民主法制建设的重要决策和部署;国民经济和社会发展计划;本级财政预算决算;本级预算调整方案;涉及人口、环境和资源保护等方面的重大措施;教育、科技、文化、卫生等事业的发展规划及重大措施;民政、民族、侨务等方面的重大措施;授予或者撤销荣誉称号;确定市徽、市树、市花;缔结友好城市的协议。二是可以作出相应的决议、决定重大事项。主要包括城市总体规划的制定、修改及执行情况；国民经济和社会发展计划执行情况；国民经济和社会发展五年规划的中期评估情况；本级预算执行情况；预算执行和其他财政收支审计情况、绩效审计情况以及审计查出问题的整改情况；对重大突发事件的应急处置情况等。三是必须向人大报告备案的事项。主要是指应当征求人大意见后，再按照审批权限报请批准，并将批准情况报市人大常委会备案的事项。主要包括政府工作部门的设立、增加、减少或者合并；政府派出的行政机构以及有关区一级的行政区划的调整和行政区域的更名。四是兜底条款。把不便具体列举的其他重大事项，囊括起来避免遗漏。以我省为例，列举了 11 项应当提请本级人大常委会讨论决定的事项和 17 项应当向本级人大常委会报告、听取意见和建议的事项。兜底条款如"法律、行政法规规定应当向人民代表大会常务委员会报告的其他重大事项"等。

（二）勇于探索并践行人大讨论决定重大事项制度。从省内来看，全省各地级以上市都在探索并践行人大讨论决定重大事项制度，行政区域内的政治、经济、教育、科技、文化、卫生、环境和资源保护、民政、民族、侨务等工作的重大事项，都必须经过人大及其常委会讨论决定。如深圳市人民代表大会常务委员会讨论决定重大事项，经过了 1994 年 12 月 26 日深圳市第一届人民代表大会常务委员会第二十七次会议通过，2000 年 12 月 22 日深圳市第三届人民代表大会常务委员会第三次会议第一次修正，2007 年 5 月 30 日深圳市第四届人民代表大会常务委员会第十二次会议第二次修正，2013 年 12 月 25 日深圳市第五届人民代表大会常务委员会第二十六次会议修订，于 2014 年 1 月 27 日起正式施行。广州、东莞等市人大讨论决定本行政区域内重大事项走在全省前列。河源市从今年 1 月，就如何深入贯彻落实（中办发〔2017〕10 号）文，列入今年人大工作的要点，学习借鉴了兄弟市的先进经验，规定草案正准备审议通过。从全国来看，省级人大都出台了关于讨论决定重大事项的规定，在不断健全人大讨论决定重大事项制度。以新疆维吾尔自治区人大为例，1979 年至 2015 年，围绕经济、社会、廉政、法治、民族、宗教、环境、科技、教育、医疗卫生、计划生育、精神文明建设等方面，作出了决议决定 140 多件，有力地促进了新疆经济社会各项事业的发展。

（三）人大讨论决定重大事项已逐步形成良好的运行机制。从各地实践来看，各级人大基本上都能正确处理好党委决策、人大决定和政府行政的关系。党委决策权主要起到把方向、明责任、交任务的作用，这样做既有利于加强和改善党的领导，提高党的执政能力，推进依法执政，又有利于推进人民民主和依法治国。人大决定权是人民民主的直接体现、宪法法律赋予人大的重要职权和国家重大事务的终极决定。各级人大积极探索在党的领导下，党委科学决策、人大民主决定和"一府两院"有效执行之间的关系，建立了有序的运行机制。凡是属于法律规定应当由人大讨论决定的重大事项，"一府两院"都能积极主动提请人大讨论、决定。对法律明文规定由政府、"两院"行使的职权，人大积极支持，也不干涉具体行政管理工作和司法案件。

人大讨论决定重大事项存在问题及原因分析

人大讨论决定重大事项主要存在如下问题。

一是主业意识有待加强。人大对重大事项决定权与立法权、监督权和人事任免权一样，是人民主体地位的重要标志、人大制度体系中重要的组成部分和人大及其常委会的重要职权。在"重大事项"的认定上，人大常委会本来应占主导地位，"一府两院"应尽到报告义务，这是毫无疑义的事情。但在实际操作中，有些事项究竟是否属于"重大事项"，还是一般事项？有时不好确定，有时心存疑虑，担心行使重大事项决定权是向党委要权、与政府争权，多一事不如少一事，采取"民不告官不理"的态度，主业意识不强，放任"一府两院"干了再说，不愿充分行使重大事项决定权。出现了错误和问题，大家才想起这是人大要讨论决定的重大事项。

二是作出重大事项的决议决定质量有待提高。在重大事项方面，涉及经济社会建设、国计民生的方方面面，有些重大事项，专业性比较强，对于作出决议决定人大组成人员来说，不可能具备所有的专业知识，在没有充分调查研究和充分论证的情况下，仓促作出具体决议决定，与事实不符，与客观规律不符，甚至出现重民意、轻科学的现象，就是听到反对意见的人多，一部分人稍有不满，就将重大事项搁置下来，没有从专业的角度进行深度数理分析，作出具有前瞻性的决定。另外，决议决定对拒不执行的行为，应当追究怎样的法律责任，怎样防止走过场，多数只是笼统提及对执行不力的要追究责任，但要追究怎样的责任没有具体的实施细节。

三是人大讨论决定重大事项跟进督办力度有待加强。人大讨论决定重大事项，多数重事前作出决议决定，事后缺乏督办，对督办的重视程度不够，推动决议决定落实的措施不多，有时没有确定由谁负责督促落实，存在一决了之、事结案了现象。就像到医院看病，外科不管内科的事，外科的事做完了，内科做与不做就与己无关了。有些决议决定文件发出之后，便没有下文。对具体承办机关来说，这些重大的事项虽然重要，落实起来并不容易，完成任务受制的条件可能比较多，便一推再推，由热变冷束之高阁。产生问题的原因有以下三个方面。

一是缺位、越位削弱了重大事项决定权。在人大的主要职权行使中重大事项决定权行使相对比较弱，与人民群众的期待、与宪法法律的要求有一定的差距。主要是思想上有顾虑，行动上不主动，明知一些应该报请人大决定的重大事项没有报备不纠正，出现缺位现象。一些重大事项，人大与党委、"一府两院"沟通不够，重视程度不够。有时党委政府为了加快推进工作，便联合行文绕过人大作出决议决定，使人大的讨论权虚化、弱化。究竟哪些重大事项必须提请人大讨论决定，心中无底。一些领导认为重大事项如果都走程序，通过人大讨论决定，耗时费力，不想走这个程序，出现越位的现象。

二是涉及的内容广泛难以把握。重大事项涉及的内容非常广泛，都是本行政区域内事关根本性、全局性、长远性的事项，如产业结构调整、财政资金投资的重大建设项目、生态环境保护与治理，都与人民群众的切身利益息息相关，社会普遍关注、反映强烈，迫切要求解决。人大作出决议决定，不是选举投票，举手通过就按得票多少来决定，而是必须合乎科学、合乎规律、符合实际，为人民群众所接受，对推动工作有指导性意义。各级人大虽然人才荟萃，但毕竟不是智库，不是研究机构，不是所有重大事项都具备相关的专业知识，具有专业的人才，对提请的重大事项特别是新鲜事物有时很难把握。

三是"二线"思想影响积极性的发挥。长期以来，拟退二线的党政领导一般都安排转岗到人大，形成人大是"二线机关"的观念，或者是"养老机关"的观念。有的可能认为船到码头车到站，在人大工作轻松就好，认为到了人大就是退休前的过渡准备。其实人大不仅不是二线，而是为民代言的一线、前线，甚至是火线，人大岗位是实实在在的"位高职重"部门，二线思维影响人大决定重大事项的积极性。

健全人大讨论决定重大事项制度的意见和建议

健全人大讨论决定重大事项制度，必须有"一线""前线"，甚至是"火线"意识。

（一）始终坚持党对人大讨论决定重大事项制度的领导。坚持党的领导是做好人大讨论决定重大事项应遵循的首要原则。人大讨论决定重大事项，要把坚持党的领导、人民当家做主、依法治国有机结合起来，坚持科学决策、民主决策、依法决策，正确处理好党委决策与人大决定的关系。人大要继续坚持和完善重大事项及时向党委请示报告的制度。党委决策通过人大讨论转化为人大决议决定后，党委要督促"一府两院"认真贯彻落实。党委要对人大重大事项决定工作加强指导，对明确规定属于人大决定权范围内的事项，党委和政府不再联合决策或联合行文。

（二）不断强化人大是"一线""前线"和"火线"意识。我国宪法规定，中华人民共和国的一切权力属于人民，宪法赋予人大至高无上的权力。"打铁还须自身硬"，人大行使重大事项决定权，需要具备较高的业务素质和能力。因此，各级人大要摒弃人大是"二线机关、退休前中转站、养老机关"的落后观念，树立人大机关就是"一线""前线"甚至是"火线"的意识，切实加强自身建设，提高人大干部队伍的整体素质。要多选拔一些年富力强的人才进入人大机关，补充法律、财经及与社会发展相适应的专业人才，优化人大组成人员的知识和年龄结构。对国家的方针政策要与时俱进，对本地区的经济社会发展状况全面跟进，对业务知识娴熟于心，准确研判重大决策事项，确保作出的决议决定符合经济社会发展规律、切合当地发展实际、体现人民群众的意愿。

（三）人大讨论决定重大事项制度在实践中要不断完善。人大讨论决定的重大事项看起来很清晰，但在实际操作中，各地发展水平不一样，涉及具体的事，很难用一个标准来衡量。比如一些经济发达地区，2000万元的项目可能就是一个很小的项目，一个分管领导就可以决定，无须经过人大讨论，而对于一个经济欠发达的地区来说，这就是一个很大的项目。因此，要不断健全和完善人大讨论决定的重大事项，把提交人大讨论决定的重大事项具体化和明晰化，要有具体的实施办法，科学规范的范围、内容和程序，明确讨论决定重大事项的工作程序，使重大事项决定权更具可操作性。

（四）重大事项决议决定重在落实。行百里者半九十，人大就重大事项作出决议决定，严格地说是刚刚开始，主要看所作的决定是否得到贯彻落实。要把重大事项决定权与监督权结合起来，消除监督盲区，重大事项才能得到贯彻落实。要充分运用监督手段，对实施情况及时开展跟踪督查，对执行或办理不力的单位要启动问责，适时采取询问、质询、特定问题调查，责令自行纠正；责令作出检查；给予通报批评；依法撤销有关机关越权作出的决定；依法追究有关责任人的责任等措施，切实维护重大事项决定权的权威性和严肃性。

（五）充分调动人民群众参与的积极性。随着社会的进步，重大事项的社会关注度不断提高，人民群众参与的热情不断高涨。在新形势下，要探索建立重大事项决定专家咨询、公众听证、辩论式审议等体制机制，建立和完善重大事项大数据平台，发挥技术、数据、信息在决定中的作用，促进决策民主化、科学化。以互联网为载体，充分调动社会各阶层、各人民团体积极参与重大事项决定的积极性，汇聚群众的智慧，凝聚各方的共识。

（本文是2017年8月广东省人大制度研究会第28次研讨会入选论文）

提高建议的质量与水平
充分发挥人大代表的主体作用

代表的建议议案是推进政府科学、民主决策的重要依据,是推进"一府两院"依法行政、公正司法的重要内容,是国家机关密切联系人民群众、倾听群众呼声、广泛集中民智的重要渠道。习总书记说,发挥人民代表的作用,是搞好人大工作的关键所在。发挥代表主体作用,履行代表职责,应着重从代表切实有效、沟通上层机关和基层群众诉求的建议着力,实现人民当家做主的现实要求。为充分发挥代表的主体作用,本人在大量调查研究的基础上,就如何进一步提高代表建议质量,提如下几点意见建议。

严把资格审查关
让代表真正代表选民提建议

只有真心实意地为人民当代表,才能真心实意地为人民提建议。在一些人眼里,人大代表称呼是有现实含金量的,基层代表比例并不高,人大代表中有地方领导、商界精英,人代会是"拓展社交人脉"的好平台,人大代表还有人身特别保护权等权利,这些都是"闪着金光的资源"。为了达到个人的目的,一些人愿意花大价钱混进人大代表的圈子里。当然了,混进圈子里的代表,要为选民代言,那是与虎谋皮的难事,要么不建言,要么为自己的小算盘建言。

衡阳破坏选举案是一起严重的以贿赂手段破坏选举的违纪违法案件，是以钞票换选票搞特殊形式的权钱交易，本质是以金钱谋取政治权利，是对人民代表大会制度的玷污和挑战，严重损害党和国家的形象。贿选是对党的纪律和国家法律的无视与践踏，是对社会主义民主和党内民主规则的直接破坏。人大代表资格审查工作是一项法律性、政策性、敏感性、程序性、时间性很强的工作。现在这项工作涉及的问题越来越多，有法理上的，也有实践方面的，引起社会各方面关注，需要认真加以研究。

一要加强实质性审查。《中华人民共和国全国人民代表大会和地方各级人民代表大会选举法》规定，中华人民共和国年满十八周岁的公民，不分民族、种族、性别、职业、家庭出身、宗教信仰、教育程度、财产状况和居住期限，都有选举权和被选举权。在代表资格审查方面，必须严肃对待，根据宪法和选举法的规定，当选代表的条件有三个，年满18周岁、具有中国国籍、选举时未被剥夺政治权利，这三个条件互相关联、缺一不可。这些规定，为代表资格审查指明了方向。

二要加强程序审查。代表候选人的提出、确定是否符合法定程序，整个选举程序是否符合选举法的有关规定等。具体来说，代表资格审查委员会要审查新选出的下一届本级人大代表和补选的本届本级人大代表的资格是否有效。选区或选举单位选举或补选后公布的代表名单，必须经过代表资格审查委员会对所列代表的资格进行审查。根据选举法、代表法的有关规定，代表资格审查委员会还要对代表资格终止的法律程序向本级人大常委会提出报告。这些审查以及报告的结果，都要由人大常委会予以确认和公告。

三要加强合法性审查。代表当选合法性的程序审查，就是审查当选代表是否依照法定程序选举产生。要审查代表候选人名额是否符合法定的差额比例，参加投票的人数是否符合法定人数，是否获得法定当选票数等。由于在选民登记、代表候选人提出环节已经对实质合法性的三个条件进行了审查，代表资格审查应主要是对代表当选程序合法性进行审查，主要审查代表当选不是够不够条件，而是当选合法不合法。

充分发挥引领作用
为代表提出建议创造条件

人大代表的建议，是代表履职的表现，是实现当家做主的重要手段。人大代表是人大及其常委会行使职权的基础，人大代表作用发挥如何，直接体现了人大及其常委会的工作质量，关系到国家权力机关职权的有效行使，关系到人民代表大会制度的完善和发展，人大常委会应当为充分发挥人大代表主体作用积极作为。在十二届全国人大四次会议期间，代表们共提出建议8609件，为历届历次会议最多，说明代表提建议的意识不断加强。囿于地域、经济、职业、氛围等条件的局限，代表们的建议水平仍需要加以提高，特别是地方各级人大代表的建议，提升的空间仍然比较大。为避免出现"挂名代表""举手代表""哑巴代表"，不断提高代表建议的积极性，人大及其常委会应发挥重要的引领作用。

一要掌握代表工作的规律。要为人大代表开展各项活动做好相关资料准备，做好会议、活动方案、后勤服务等方面的工作，只有把握规律性，为代表服务才能有的放矢。习总书记指出，水平来自对客观事物的认识和把握，而规律性的东西，正是蕴藏在广大群众的实践中。提高代表的水平，不但要加强对代表的服务规律的认识，更要想方设法密切代表与人民群众的联系。

二要拓宽代表建议选题范围。习总书记指出，人大的调查研究有其显著的特点，一是重大经济和社会发展问题的调查研究比较多；二是群众反映强烈的问题比较多；三是有关法制、法律建设的问题比较多；四是民主政治建设如换届选举、基层政权建设等方面的调研比较多。人大及其常委会要尽可能地让代表熟悉本地区经济、政治、社会等方面的情况，围绕经济发展和人民群众关注的热点、难点问题，积极组织代表开展视察、调查、检查及评议活动，为代表有针对性提出意见建议提供必要的条件。

三要建立接待代表制度。坚持常委会主任、副主任每年安排时间向代表通报情况，收集代表的意见和建议。坚持按会议的主题邀请相关代表轮流列席常委会会议。落实代表活动经费,确保代表专项经费列入预算,为代表活动提供经费保障。

以建议办理的效果
激发代表履职的热情

代表反映的问题有没有得到及时有效的办理,对工作有没有实质性地推动,直接关系到代表履职积极性的发挥。要把代表议案、建议办理作为一项重要工作来抓,不断健全完善办理机制,形成领导重视、转办及时、协办有力、办理扎实、答复规范、落实到位的办理局面。

一要提高对代表建议办理重要性的认识。要认识到督办代表的建议是人大常委会的工作职责,代表建议办理的质量如何,直接影响到代表在人民群众心目中的地位,好的办理结果会调动代表履职的积极性。要认识到加强代表建议的督办,是人大代表支持"一府两院"工作的重要途径。代表的建议来自人民,是人民群众关注和需要解决的实际困难与问题,加强代表建议的办理,满足人民群众的期待,及时化解社会矛盾,可以促进社会公平正义、社会和谐稳定。

二要强化重点督办。每年将从人代会期间代表提出的建议中,选取事关经济社会发展大局、事关人民群众切身利益、社会普遍关注、群众来信来访和社会反映强烈的部分建议,作为重点建议开展督办。还必须明确,事关经济社会发展重大事项、事关群众切身利益和社会普遍关注的热点问题的重点建议,应确定为常委会主任会议重点跟进督办。采取下发督办通知、督办通报、电话督办、实地督办等形式,定期或不定期督查督办。对督办中存在的问题进行专题研究,提出解决办法,坚持督查与催办相结合,确保督办落到实处。

三要确保建议办理的经费。要重点研究解决代表提出建议的时间滞后于政府预算时间的问题,可以采取以上年度办理建议经费为基数,采取递增的办法确保办理建议经费。各办理部门将办理建议的经费列入相关预算。

营造良好的舆论环境
提高代表建议的影响力

环境影响人,环境造就人。要营造人大工作良好外部环境,关键要营造让全社会知晓人大在监督"一府两院"工作,在推进经济社会发展,人大在发挥的巨大作用,让全社会尊重和支持人大工作,突出代表的主体地位,提高代表的社会影响力。

一要加强对人大重大活动的宣传。抓住"春节""国庆"等重大节日和法律法规的颁布、地方人大常委会周年庆祝等纪念活动,将人大宣传内容融入丰富多彩、形式多样的活动之中,以活动为载体进行大力宣传,以宣传激发人大工作的合力,在全社会形成浓厚的舆论氛围。

二要加强对"两会"期间人大依法行使职权的宣传。在人代会召开期间,利用各种宣传媒体全方位、多角度进行连续报道。闭会后注重抓好人大常委会和"一府两院"执行大会各项决议决定的宣传。让更多的群众加深了解人大工作动态和人大行使职权的具体情况,提高人大在社会上的地位与影响。围绕人大代表在重点项目建设、道路交通建设、生态环境治理等重点、热点和难点问题开展视察、调查和专项检查活动进行宣传报道,同时对一些检查过程中发现的违规违法行为进行新闻曝光,为人大监督工作的顺利开展提供舆论支持。

三要加强代表风采和典型事迹的宣传。注重挖掘人大代表的工作亮点,充分利用各种宣传媒体,对代表履职、密切联系选民、倾听选民呼声、为辖区群众办好事办实事的典型事迹进行广泛宣传。对办理代表意见建议的先进单位、人大代表先进个人进行表彰奖励,将他们的先进事迹在主流媒体宣扬,激发代表履行职责的责任感和光荣感,增强人大代表关注民生,关注社会热点、难点,提写建议的积极性。

加强调查研究
提高撰写建议的质量与水平

习总书记指出，调查研究不仅是一种工作方法，而且是关系党和人民事业得失成败的大问题。高质量高水准的代表建议来源于百姓，奉献于百姓，代表建议能不能切合时代的脉搏，切中问题的实质与要害，能不能在群众中产生共鸣，是不是社会关注的热点、难点、焦点问题，关键之处就是要在调查研究上下足功夫，避免泛泛而谈，代表调查研究工作下的功夫越多、方法越科学，建议越接近事物的真相。

一要深入实际开展调研活动。人大代表必须深入实际，深入基层，力戒电话调查和加工"二手材料"，工作越实，越能获得丰富的资料，要将局部问题与全局问题联系起来，通过"去粗存精，去伪存真，由表及里"的辩证分析，综合运用归纳与演绎、分析与综合、具体与抽象以及比较、分类、统计、想象等方法，透过现象把握本质，实现由感性认识到理性认识的飞跃。

二要不断创新调查方法。人大代表要充分利用过去我们实践证明是行之有效的方法和手段，如召开调查会、研讨会、走访调查、典型调查、实地考察等，这些方法应当继承和发扬。同时还要随着现代科技的迅猛发展，不断学习和运用现代的科学调研方法，如统计调查、问卷调查、抽样调查、专家调查、网络调查等，综合运用经济学、社会学、信息论、系统论、控制论及规划与优选法、预测与评价法、计算机仿真方法等，拓宽调研渠道和方式，提供全面、翔实、可行的建议精品。

三要求真务实。人大代表的建议必须实事求是、敢于坚持真理。一切从实际出发，敢讲真话、实话，反对建议拖沓冗长、华而不实，坚持不唯书、不唯上，只为实，在研究问题上下功夫，形成求真务实的工作作风和简明扼要的文风。

（本文是2016年8月广东省人大制度研究会第27次研讨会入选论文）

征文集锦篇

| 在路上 |
ZAILUSHANG

从"肉食者鄙,未能远谋"说起

曹刿说:"肉食者鄙,未能远谋。"当时读《左传·曹刿论战》的时候,自己的理解是,那些有钱吃肉的人,长期饱食终日,头脑不作思考,故而对日常事务和社会实践没有经验,所以曹刿就敢说他们不堪一击。当一向骄横的蒙古国大军东征西讨、所向无敌时,就觉得蒙古大军是用牛、羊肉作后盾的结果。人们对肉食产生好感,觉得肉食是能量。有时觉得中国足球不能走向世界,这是因为中国人穷,不能用肉食满足运动员的能量要求,中国足球不能冲向世界也是理所当然的事了。特别是当时一则消息,说某个运动员要将自己的伙食带回家分给家人一半的时候,更觉得穷到这个份上,怎能怪运动员不争气哩。"吃不饱,力不足,才美不外见",纵使是千里马也徒呼奈何。肉食在人们的心目中留下了很深的"好"印象。

曾祖母年到96岁逝世。当时在家乡是用红纸写的对联,连做丧事用的碗筷都被乡亲们"偷"走。他们说,算上闰年闰月曾祖母是百岁老人,真正的百年归寿,村里难得一回,因此将丧事当作好事来办。为图自己也能长命百岁,把碗筷"偷"回去想沾上光。后来总结发现,曾祖母信佛,长期以素食为主,虽说不是素食徒,但肉食她真的很少主动地买来吃,见她总是将肉让给大家,那时的感觉是曾祖母让自己吃亏。在信息落后的地方,也没有人将素食的好处告诉她,只是生活的习惯让她长寿。

当不可一世的蒙古大军遇到以素食为主的国家的时候,强悍的蒙古人便一蹶不振,败了下去;世界级运动名将刘易斯最好的成绩是在严格素食的时候取得的;好莱坞不少女明星,在她们的保养秘方里总有一条:一星期里有一天禁止食用所有的肉类。她们为让血液净化，每日食物中也尽量少吃肉类，以保持她们光鲜亮丽的皮肤。生产一磅牛肉的土地，可生产十磅的植物蛋白。生态学家预言，人口爆炸将使全世界不得不吃素。专家发现，肉食者神志浊，素食者神志清；素食者脑力敏捷，肉食者神经迟钝。这种说法与我国古人素食者多智的说法不谋而合。

（本文刊载于《河源日报》2008年7月9日）

高山顺风耳

我很迟才有手机，当中国移动河源分公司免收初装费、客户经理上门服务时，我才和单位的七八位同事同时申请入户。当时，我的心情特别激动。

刚用手机，特别注意节约话费，生怕超出"财政预算"。一个月下来，也不过几十元的开销。随着通话费的一降再降，我觉得没有必要再用BP机了，便干脆停了户。从此手机成了我与外界沟通的形影不离的"小秘书"，与手机有关的故事也就越来越多。

印象特别深刻的是我回老家的那一次。我老家离全市最高的山近在咫尺，因交通不便，平时很少回去。小山村很闭塞，听外出工作的同村人说，这里"呼机收一节，手机变废铁"。一天，天高云淡，我随着登山的乡亲来到高山的山腰上，累得气喘吁吁，只好坐在草地上休息。无事拿出手机来拨弄，我惊喜地发现手机上有"中国移动"显示，信号3—4个格子，我简直不敢相信是真的。我试着给深圳的二弟打了一个电话，二弟问我是否改期没有回老家了。我说是在老家的山上，他不相信手机能收到信号，反反复复地问清楚后，兴高采烈地叫家人来听，小弟刚说一句，妹妹又抢过去，爸爸妈妈争着听，村里熟悉的乡亲又接着与二弟等人通话，热情地说个够，欣喜写在每个人的脸上，喜悦之情在山间流淌。很少出远门的乡亲称手机为"顺风耳"，他们仔细端详手机，才依依不舍地交给我。我向一位好朋友发出短信："我在全市最高的山给你发信息。"好朋友发回短信："谢谢，你真潇洒。"我想潇洒是移动公司给用户的，包含了移动人的真诚奉献。我把高山上移动手机有信号一事给回乡探家的人说了，他们有事就跑上山，用手机与外界联络，我相信他们的故事也一定很精彩，也相信不久的将来，全村每个角落都能收到移动信号。

（本文刊载于《河源日报》2003年9月22日）

乌云遮不住太阳

风还在轻轻地刮，毛毛雨还在慢慢地下，河源的天空被乌云笼罩着。广场上的国旗仿佛很劳累无精打采地悬挂在旗杆上。一段时期以来，大街小巷上谈论得最多，反映最强烈的是街头抢劫抢夺。有好几个被抢的朋友还情景再现，听后心情就像阴霾的天气格外沉重。

一天去朋友经营的店里，很自然地说一些最近还好之类的问候语。朋友却一反常规地说最近不好，家属前几天上街，从商场购物出来，缓缓地骑着摩托车回家。突然，几个粗壮的抢匪在大庭广众之下，抓住脖子上的金项链就抢，结果项链抢走了，摩托车掀翻了，人摔在地下，浑身鲜血淋漓，及时送往医院才脱离危险。幸好劫匪只抢脖子上的项链，摩托车没有劫走。我以前听说过抢劫的事，但很少听说敢在众目睽睽之下，公然抢劫正在行驶着的摩托车。时隔不久，原单位的几个同事邀请我去聊天，一进门发现女同事的手提包换成黑色的，还散发着刚买回来的皮革气味，我打趣地说怎么今年流行黑色。话还没说完，她就皱起了眉头，滔滔不绝地说起被抢的经过。那天下午步行走路回家，一股劫匪从阴暗处窜将出来，用手搭住她的肩膀，像很熟悉的样子，几个人按住她的手猛力抢走手提包。她是单位的出纳，包里几千元的现金、手机、钥匙全被抢走了。她有些无奈地说，钱抢走了不算什么，就是单位和家里的钥匙没了，真担心抢匪跟在她的后面，发现地址后去偷家里和单位的东西。为避免财物被盗更换了门锁，但单位的保险柜也不知换不换的好。同事很老实，不会说假话，这事说得有板有眼不由得人不信。但自己还在嘀咕，这是极个别现象。

今年"两会"期间，在旺业宾馆会议室里，端坐着来自各行各业的政协委员,他们为河源的发展建言献策。市有关领导听了频频点头,在谈到社会治安时,多位政协委员向市领导提出要加强"两抢一盗"案件的打击力度。市领导当时可能认为政协委员也是道听途说的,插问能不能举个真人真事的例子。其中在座的一位就迫不及待地举手说,他就是受害者,在家门口准备上班时,就被劫匪抢了。此时我就觉得极个别的现象还是挺多的。提醒家里人出入时要注意防抢防盗。

不该发生的事还是发生了。一天下午,我在办公室里埋头工作,家人打来电话,我习惯性地问有什么事。电话那头传来呜咽的声音,我意识到有点大事不妙。细问之下,才知在河源中学门口手提包给劫匪抢了,包里有500元的现金、手机、钥匙、身份证和单位的财会单据等物品。赶忙到事发地点,及时向公安机关报了案。耳听为虚,眼见为实。我不得不相信各种各样的传说。心里很气愤,怎么极个别的现象会变得如此猖獗,如此普及。那时天将黑,一团乌云罩住天空,整个城市变得灰暗起来,像要下雨。

当晚十一点,一个陌生人打来电话,如要拿回手提包请到市区太阳升某处。我的心跳了起来,劫匪又在玩什么花样?该不会以拿包为诱饵绑架人质勒索钱财吧。经过反复思考拿定主意后,给在公安工作的同学打了电话求助,谁知要我自己去拿,我埋怨他在关键时刻不够朋友。经不住我的劝说,最后同意与我一起去陌生人指定的"交货"地点。路上我打起十二分的精神向四周张望,担心劫匪人多势众,自己拿包不成反往虎口里送。我要求同行的同学向公安指挥中心通报情况以防万一,但他镇定自若地说不用。在我的一再要求下,他才向附近的巡警中队打了电话,听到肯定的答复后我才放心前行。到了指定的地点,只见一个中年人和蔼地坐在那里,说有个小孩在空地上玩发现了手提包,怕我们着急就按包里电话簿上的号码打来电话。此时悬着的心才放下来。我接过手提包打开一看,钱和手机没了,其他几样东西还在,当即给予拾包的小孩小小奖励。回来的路上,我问同行的同学,情况复杂怎会毫无惧色。他要我记住:这是共和国的天下,是共产党领导的人民的天下,再猖獗的匪盗也只能横行一时,党和政府有决心有能力粉碎匪徒嚣张气焰的。不久,河源大地传来激动人心的消息。长期盘踞市区的两大抢夺抢劫团伙被摧毁，28名犯罪嫌疑人落网。河源天空上的乌云被一扫而光，河源大地又出现了晴朗的天空，共和国鲜艳的五星红旗在阳光下迎风飘扬。

（本文刊载于《河源日报》2004年9月29日）

误收假币后的感悟

1992年的秋天，一个让我至今难以忘怀的秋天。当年，家里种了一种名叫油甘的果树。这种果子不成熟的时候吃起来很苦，成熟了就像吃口香糖，一颗果子放进口里，能经久咀嚼，是制作果脯、蜜饯的上等材料，价钱也比一般的水果高。家里人眼见油甘压弯了枝头，即将成熟了，就互相轮流看管，如没人看管，果子就会被一些不劳而获的人偷走。有一次，邻居家的油甘被人偷走了一部分，一下子损失100多元。因此，家人也提高了警惕，经常熬夜看管，大家发誓抓到那些贼决不放过他们，有的果农为了早日结束这种难熬的看管，不等油甘成熟就摘了卖，价钱自然比成熟果要低。庆幸的是，我家的油甘没有被人偷。自己心里想，倒霉的总是少数，谁叫他们回去吃饭不看管呢？终于等到了果子成熟，果子也被果贩收购了，数着一沓钞票，心里暗暗为这来之不易的收获高兴。

卖果得来的钱舍不得用，放在家里又提心吊胆，所以我决定将钱存进银行。当银行点钞员打出一张没收清单要我签名时，我一下子傻了眼，有200元是伪钞。当收银员对我说有些是假币时，感觉自己像是造假币者，脸红了很久，语无伦次地解释了很久。

银行工作人员说，你可以拿这张收缴凭证在3个工作日内，直接或通过收缴单位向中国人民银行当地分支机构或中国人民银行授权的当地鉴定机构提出书面鉴定申请。回到家后，我整个人闷闷不乐，没想到遇到这样的倒霉事。

去找那果贩说理，果贩早远走高飞了，连个影子也没看到。好事不出门，坏事传千里，朋友和邻居知道了，他们开玩笑说，早知收了假币，还不如让油甘给贼偷，起码不用自己去摘果、卖果，不用没日没夜看管。

自那以后，我增强了对人民币真伪的识别意识，每当新版人民币发行，就对着报纸认真地看防伪标志，生怕一不小心就中了"地雷"，造成不必要的损失。偷油甘果的贼可恨，使用假币坑害老百姓的人更可恨，简直就是强盗。假币使劳动者的果实化为乌有，严重地扰乱国家金融秩序。因此，我认为，要将制造假币的人当成过街老鼠，人人喊打；群众要有一双火眼金睛，让假币在全社会无立足之地。

（本文刊载于《河源日报》2007年7月9日）

巡警的行动让我改变看法

不久前，一出租车司机撞了一个孩子，该司机磕头向路过此处的两辆警车求助，车上多达5个警察，竟无一人下车相助，车轮不停地扬长而去。这个消息一直在我脑中萦绕，当听到社会上谴责个别警察的不义之举时，不觉中对周围的警察产生了"厌恶"。可是今年2月8日发生的一宗交通事故，彻底改变了我的看法，甚至不停地责怪自己犯了以偏概全的错误。

2月8口，我市河埔大道明珠工业区路段，一辆广州牌号的面包车超速行驶，偏离了车道，撞向了在人行道上骑自行车的外省籍工人。小车前面挡风玻璃全部撞碎，自行车扭曲变形，工人倒在地上不能动弹，许久才苏醒过来。小车司机赶忙下车，不停地向路过的车辆求助。时间就是生命，在这一刻变得那么真实。车一辆一辆过去了，竟没有一辆车肯停下来相助。肇事司机无奈地转身看着地上受伤的工人。不久本来开阔的道路塞满了车。

恰在此时，一辆警车驶来，车上走下一位身材魁梧的巡警，他简单地问了情况后，立即用呼叫机向指挥中心报告，请求交警到现场处理，他一面说，一面疏通车辆，然后打开自己的车门、在热心人的帮助下，把伤者抬上警车送往医院抢救。他走后，交警如期而至。整个过程处理得那么迅速，那么果断，如此熟练，毫不含糊。我心里纳闷，这巡警是何许人也？是专门派来处理这宗交通事故的吧？

一个偶然的机会，我终于见到了这位巡警，他是市巡警办公室一位姓肖的干警。我郑重地提起上次交通事故，他谦逊地说，这件事不值得提，像类似的事，在一线的干警默默无闻地工作，比他做得还多呢。那天，他不是专门去处理事故，是到高埔收费站看巡警中队春节值班情况。他说，作为一名公安干警，不论上班，还是在休假，在路上，都有责任对周围群众的困难予以帮助。

我想，肖干警在素不相识的人遇到困难的时刻，毫不犹豫地伸出援助之手，此举既挽救了一条生命，又为河源巡警赢得了广大市民的交口称赞。我对辛勤工作的公安民警，特别是时该想着群众、真心为群众服务的人民警察肃然起敬。

（本文刊载于《河源日报》2002年5月13日）

舆论的力量

与《河源时报》（以下简称日报）交往的时间在与日俱长，与日报相关故事也渐渐增多。从日报还没有建立之始，就与日报有了不同寻常的经历，在此"揭秘"，以飨读者。初生牛犊不怕虎。那时刚参加工作不久，河源也刚建市，百业待兴，河源没有电视台和报纸。我意识到作为地级市办一份报纸的重要性。于是就从周边市到深圳市的一些乡镇都有报纸来论述报纸的必要性和重要性，从投入资金概算、选址到人才招聘，那时文件打印还是很稀罕的东西，硬是手写了一份长长的报告，向市委主要领导建议。信寄出去之后，市委主要领导找到我，他说我的建议很重要，但目前只能先建电视台，因为老百姓家里电视较为普及，可以很快看到新闻。同时也说明时机成熟也一定会办一份报纸。电视台建成后不久，日报也就顺利诞生了。后来市委主要领导还亲自为我题词：共同努力，建设河源。

2005年，十百万干部下基层驻农村，我是其中一位。进入6月，发生了特大的"6·20"洪灾，所在的村有40多户农户住房损毁。日报的一位记者不顾烈日炎炎，写下灾情在报上刊登，灾情得到了社会各界的关注，灾民得到政府的妥善安置。同年，村里又有两位学生考上了大学，灾后面临失学，又是日报新闻助学圆了两位学生的大学梦。

宁山村是我省海拔最高的行政村之一，通泥路的消息在日报头版头条刊出后，引起了各级政府和外出乡贤的重视，在各级政府的大力支持下，在外出干部和乡贤的捐助下，今年行政村的水泥路已铺设好，宁山村告别了"泥水路"。

2006年，本人参与了日报与市几大媒体对河源骄子的采访报道工作，为了做好报道，日报记者与大家一起，起早摸黑，深入成功人士的驻地采访，记者们忘我工作，特别是日报记者为了完成采访任务带病工作的情景，让我非常感动，也使自己真正感受到什么是专业、敬业。河源乡贤骄子被宣传之后，荣誉感增强。在此后市人民医院新院建设捐赠中，被采访的河源骄子们动辄几十万元，几百万元，甚至上千万元地捐款。

当早上到办公室就可以看到丰富多彩的《河源日报》的时候，就会想到是一群"黑夜比白天多"的记者编辑们披星戴月的成果；当驻村受灾群众住上新房的时候，有一份新闻的力量；当村里上学难学生挎上书包高兴地走在上学路上的时候，学子们身上沐浴着时代的光辉；当宁山村村民行走在水泥公路上的时候，又多了一份文字的关爱……舆论的力量无穷，文字的力量无穷。

(本文刊载于《河源日报》2008年12月1日)

道义文章传递正能量

　　一篇《人间好时节》在《河源日报》发表后，竟发现被剪贴在学生们的文摘本上，从此，笔者增加了对这份报纸的投稿，更增添了几分对这份报纸的关注。

　　从简陋地方办公到拥有自己的办公楼，从周一刊到日报，历经20个春秋，《河源日报》风华正茂。与河源城市发展共成长，凝聚社会各界的关怀，以严父的形象鞭挞着社会的阴暗面，以慈母的胸怀关注着弱势群体，以天使般的责任传递着社会的正能量。

　　与河源日报社新闻工作者接触时间长了，就有了独特的感受。在河源日报社，有一群甘于吃苦、勇于奉献的团队。他们秉承"自强不息，天道酬勤"的坚定信念，经过多年的不懈努力，始终以鲜明的办报宗旨和独具匠心的办报风格，在舆论宣传方面占据重要的分量。在一次寻常巷陌百姓聊天中，说起河源哪个单位的人工作最勤快又不偷闲，大家一致说是河源日报记者，太阳可以"偷懒"，但河源日报社的新闻工作者们却不能。不管是刮风下雨、火灾车祸、喜悦庆典、社情民意、领导视察……冲在前面的往往就有河源日报社记者；就算是在家里，也要用手中的笔，将智慧的思想"码成"文字。从办报到现在，满载精神食粮的《河源日报》，甚至比太阳"起"得还早，出现在读者手中。河源日报社记者以勤奋敬业乐业的精神，敢于亮河源发展的成绩、敢于传达河源的声音、敢于为民请命，以"三贴近"为目标，忠实地记录河源大地发生的事件，记录河源的历史，堪称河源的"司马迁"。

　　以《河源日报》为友，不少人因《河源日报》而改变命运。笔者的一位好友，当年大学毕业后赋闲在家，一次上街闲逛，路过报刊亭，顺手买了份《河源日报》，发现报上登载了招录公务员的信息。于是，他根据报纸提供的信息，报考公务员，成功被录用。笔者熟悉的一位乡镇农民利用传统方式养猪，又苦又累又脏。一次偶然的机会，他看到《河源日报》上刊登了一位博士发明的生态、无污染养猪方法的报道后，专门到博士的养猪场虚心求教，现场跟班学习。学成之后，他回到家乡办起了没有臭味的环保猪场，利用这种方法养猪，不但肉价高，而且成本低。河源日报社每年开展的新闻助学行动，帮助一批又一批贫困学子圆了大学梦……

《河源日报》还为广大通讯员和文学爱好者提供展示才华的平台。编辑们从鼓励的角度，精心修改稿件，让一批作者在不断历练中走向成熟。在《河源日报》的周围集聚了一大批诗歌、散文等文学爱好者，创作了大量脍炙人口的作品，引领河源文化界关注本土文化、挖掘本土文化，为提升河源文化水平、打造文化高地作出应有的贡献。

（本文刊载于《河源日报》2013年9月26日）

重点时间篇

| 在路上 |
ZAILUSHANG

重点在哪里，时间就在哪里

现代人经常讲的一个词就是"忙",忙！忙！！忙！！！忙得没时间看父母，忙得没时间陪家人，忙得没时间管孩子，甚至忙得没办法睡到自然醒，时间空前不够用，忙什么呢？相信不同的人有不同的答案：忙工作，忙应酬，忙挣钱，忙上网，忙着胡吃海喝，忙着游山玩水，忙得天昏地暗……我们有千百个理由说自己很忙，甚至忙得忘了自己是谁了。有时不禁要追问：我为什么这么忙？我的时间在哪里？有一天，突然想起这样一句话，忽然有一种醍醐灌顶的感觉，那就是重点在哪里，时间就在哪里。

重点在哪里，时间就在哪里，这话很简单，却意蕴深远。以工作为重的事业型和生存型的人，一心扑在工作上，这时的重点就是工作，时间也就毫无悬念地摆在了工作这边。转换了时空，当我们与同学朋友推杯换盏时，相信这时朋友是第一重要的，时间此时就在这里与同学朋友畅谈友谊，增进感情。可正当你热闹非凡、欢声笑语的时候，忽然老板来电话叫你马上到办公室见他，相信大多数人会马上起身放下朋友直奔公司，因为老板掌握着你的饭碗、掌握着你的前途命运，其重要性就当前来讲，是远远重要于你的任何朋友，于是你急忙调整时间，时间的安排也就因为重点的改变而作了转换。原来我们的时间是这样溜走的，时间到底去了哪里，也找到了答案。

在中国人的心目中，家人的分量可以说是无可比拟的。事实证明，中国人在分配时间时，尤其是事业型的人，留给家人的时间可能是最少的，比如很多人不得不花大量的时间去应酬、去加班、去出差，陪家人的时间少之又少，每年的春运人山人海赶着回家，除了传统的节日不能排除外，更重要的是大伙在外忙了一年了，长期放在外面的重点应放在家人身上了，时间也就有了明确的转换。一旦家人出现了问题，大部分人都会义无反顾地回到家人身边。这时金钱、地位、朋友、老板都不重要了，时间此时又有了明确的转换，大家心里明白，只要家人平安，比什么都重要。

  作为家庭中的成员应知道家里人要什么，自己又要什么。世间事应有尽有，所有事都心想事成的人，不是上帝特别的宠儿，就是造物主制造的怪胎，大部分人都不可能什么都拥有，包括你在乎的人分配给你的时间，以及他需要支配的时间。想想你要什么，就不要对你的家人分配时间的事过多指责了，因为他或她的生活，不仅仅有你，还有生存和挣扎。

  时间就是金钱，没有时间就没有金钱，但有金钱不一定能买得到时间。古今多少帝王将相、富商巨贾，权可滔天、富可敌国，可是一旦时间不属于他了，所有的一切都成了浮云。明确了重点在哪里，时间在哪里，要实现人生的价值，实现人生的理想，就很有必要树立正确而符合自己愿望的重点，将时间用于重点之上。在不同时期，人生有不同的重点，重点变了，时间相应地会跟着变。为了争取别人的时间，世人都在煞费苦心。做个教师，可以让学生的时间与重点放在你这；做个老板，可以将员工的时间与重点放在你这；当个官员，会将下属甚至社会的时间都放在你的目标上。为了争取别人的时间，必须付出相应的努力，也必须学会与人相处的技巧。做一个自由人，更会掂量着该如何确立自己的重点，花费自己的时间。每个人把什么当成是重点，如何安排自己的时间，都有着自己的道理，无可厚非，但人最重要的是知道自己最后想要什么。分配好了，当然就事事顺当，分配不好的话，可能最后受苦的，就是自己了。

（本文刊载于《河源日报》2013 年 3 月 18 日）

人间好时节

一次聚会，即席聊天，大家说世间谁最快乐，谁又最苦。答案异彩纷呈，有两个答案得到大家的认同，那就是饮酒的人最苦，不管多美的酒，喝到嘴里时都要皱一下眉头。砍柴的人最快乐，一个樵夫砍了柴，挑了担子，山路很难走，偏偏还能唱一首嘹亮的山歌。没有标准答案，说的都是席间闲言。但由此引发的什么才是人间好时节的话题，谈论就变得热烈起来。

南宋慧开禅师有一首诗偈："春有百花秋有月，夏有凉风冬有雪；若无闲事挂心头，便是人间好时节。"慧开禅师这首诗偈告诉我们为什么世人不能享受人生的美好时节，因为我们心中有事。有这样一个老太太，整天为两个儿子发愁。她的大儿子是染布的，二儿子是卖伞的。天一下雨，她就会为大儿子发愁，因为不能晒布了；天一放晴，她就会为二儿子发愁，因为不下雨二儿子的伞就卖不出去。老太太总是愁眉紧锁，没有一天是开心的日子，弄得疾病缠身，骨瘦如柴。邻居便告诉她，为什么你不反过来想呢？天一下雨，你就为二儿子高兴，因为他可以卖伞了；天一放晴，你就为大儿子高兴，因为他可以晒布了。老太太恍然大悟，从此以后每天都是乐呵呵的，身体也自然健康起来了。天还是那个天，刮风下雨无法阻挡，晒布、卖伞的亦无改行，只是多了一个心态的转变，整个人就变了个样。对生活缺乏热情的人，一年四季都往坏处想。在这样的心境中伴随一生，就算活上百岁，也会觉得不如意。如果换一种积极、乐观的心态，眼前便有另一番景致。春天只看有花的地方，秋天注目丰收的硕果，夏天对阵阵凉风喜悦，冬天欣赏温暖，凡事往好处想、往好处看，心胸自然豁达，人间的好时节也就无处不在。

生活中，很多事情都可能无足轻重，时间会改变一切。一个朋友，当初以为除了国企就无法生存，下岗工人的阵痛可想而知，一旦走出厂门，别有一番洞天，卷起衣袖大干了一场，生活有了明显起色，感叹当初的那点痛不算什么。一个小伙子因为考不上大学而耿耿于怀、茶饭不思的时候，他学经商、学手艺，在商海中大显身手，大学出来的同学成了他的帮手。一番感慨当然无法避免，天无绝人之境，车到山前必有路；山重水复疑无路，柳暗花明又一村；沉舟侧畔千帆过，病树前头万木春，这些诗句历经沧桑后才有深刻的领悟。一次在东江的船上宴饮，因心绪不宁，惦记着某事，虽有龙肝凤胆不能下咽，琼浆玉液不能释怀，情不自禁地想到"若无闲事挂心头，便是人间好时节"。人间的好时节，以没有多余的闲事挂在心上挥之不去便为最佳。

人之乐，随着心境的变化而随时随地变化。农夫可以比去年多收了三五斗而高兴，学生可以比上次有进步而更加努力，久病的人因痊愈而欣喜，困难时有朋友帮助而愁眉顿开，老师因学生有出息而自豪，阶层不同，地位不同，环境不同，心境之乐是相同的。其实人生的价值不在于你活了多少年，而在于你走过的生命中有多少"好时节"，看不开，处处抱怨，人生便是一出悲剧；看开了，知足、乐观地活，便能活出人生好时节。将闲事抛开，你的好时节就在眼前。

经常会有一些贪腐的新闻出来，一位年近80的老者评论道，这些人真是利令智昏。日求三餐，夜求一宿，广厦千间，夜眠八尺。所贪之款，动辄成百上千万，能吃那么多，用那么多吗？其实积金积银不如积德，买房买地不如买书。想明白，不必去追求饮鸩止渴的事，也就不会出现无处买后悔药的局面，人间的好时节，也就无处不在。

（本文刊载于《河源日报》2012 年 8 月 18 日）

假如明天下雨

"假如明天下雨"。这是一位书法家送给我弟的书法作品,写得气势磅礴,浓墨饱蘸。弟弟经常出门在外,就将作品放家里让我保管。书法虽好,觉得文字内涵"平凡、平常",也就没有深究原因,没有引起我特别的注意。

写这幅字的书法家是蓝芳豪先生,茂名人氏,素未谋面。蓝先生的名字充满了书法的韵味,疑是后来起的笔名,像鲁迅,本不姓鲁,而是后来起的笔名,没想到这正是他的真实名字。弟当年在茂名推销油漆生意时与他相识。弟说他微胖,走起路来小心翼翼,生怕脚下踩到什么,这是我对他的印象。但我见过他写的多幅书法作品,都是蓝书法家送给弟弟的。其中一幅,还是委托弟弟请他用书法为自己填作的一首词《卖花声》书写。他的书法到底有多好,弟说之后我始终有点疑惑。那时河源没有装裱书画的店家,为了更好地保存作品,我拿到广州去装裱,那是1992年前的事了。谁知广州装裱店的师傅一看,竟傻了眼,对我打量起来说,此作品幸你到我这装裱,到了别人那里,难保真品给回。我问为什么,他说这不是一般的作品,是名气很大的书法家的作品。我说你怎么知道?他说,他长期从事装裱,一看就知道了。他抱出一堆装裱好的作品让我对比,有省领导题字的,有书法家写的,不一而足,对比之后,真的没有一幅可以超过他。你看,他指了指书法的背面。我认真地看,原来忽略没看的背面底行用铅笔写着"故宫展品,1800元",另一个"龙"字背面标3600元。那时,我的工资才120元/月。装裱好之后,就将书法作品挂在书房,略懂书法的人看了,都会说,作品很大气,很耐看。

时间流淌,弟弟从走南闯北推销产品的行商变成了坐商。他去年新房装修,闲谈间说起准备在新房大厅挂一幅蓝芳豪先生书法近作。他说，他与蓝先生经常联系，也去看过他。听说弟要迁新房，很高兴为他写了对联及中堂悬挂的书法。他的作品有很多人求购，但他有一个品性，就是要按照书法的品位售卖，从不讲价。我一下子诧异起来，蓝先生送给弟七八幅作品，那不是值很多钱吗？弟说，这不是钱的问题，在茂名市很多人出价再高也买不到专门的题写。蓝先生的门前经常有一帮人央求他写作品，蓝先生就是坚持不写。我又拿出"假如明天下雨"这幅书法作品来，问弟当年蓝先生为什么送给他这样的书法。不料弟有点哽咽，蓝先生认为他是一个名不见经传的下层打工者，对他的艰辛表示了关注，怕他领到工资后随便就花完了，要他随时记住："假如明天下雨，没有收入了怎么办？"一位名书法家对一名普通打工者的教导，让人肃然起敬。天有不测风云，在弟即将入住新房时，年逾古稀的蓝先生在家为弟写好对联等作品后，乘风归去。我就告诉弟弟，在厅堂中央就挂"假如明天下雨"吧，这与国歌里面"中华民族到了最危险的时候"的歌词有异曲同工之妙。

（本文刊载于《河源广播电视报》2009年11月26日）

忆"楚汉争霸"

河源市首届市直机关运动会早就落下了帷幕。我作为首届运动会中国象棋比赛参赛的运动员,亲历首届市直机关中国象棋比赛的"炮火",感受颇为深刻。

比赛由市直工委和市体育局主办,当接到单位报名通知的时候,我想都没有想就报名了,以自己平时对象棋的爱好,还从没有参加过任何正式的比赛,到赛场上见识一下正规比赛的场景,熟悉比赛规则,与高手过一过招,就算成绩不理想也自认为有六十分了。同时也心存"侥幸",市直机关的干部平时工作较忙,来的人肯定不多,如果只来了三名,那还用说?不比赛也能稳拿前三甲。

此次比赛一共进行9轮,每场比赛各方包干40分钟,超时作负,执行40回合的自然限着,拿到比赛《秩序册》一看,居然阵容鼎盛,有运动员87位,刚才侥幸化为泡影。比赛在体育局进行,体育局门前的道路较小,比赛的时候,一时车水马龙,坐骑填巷,棋手云集。赛场的裁判席后面高挂"河源市首届市直机关运动会中国象棋比赛"的横幅,台下的桌子上整齐地摆着数量可观的象棋棋盘,进入赛场,映入眼帘的比赛专用计时器,一下子让人感受到比赛的紧张氛围。比赛正式开始后,裁判长端坐在台上,然后向参赛的运动员宣读纪律,讲清楚执行1999年版至今为止最新的象棋竞赛规则,并就主要的规则作了详细的说明。赛场上身穿"棋艺院"服装的志愿者和胸佩"裁判员"牌样的工作人员分列两旁,运动员各自进入随机排好的座位,认真聆听裁判长的发言。

比赛开始后,落子声此起彼伏,运动员每走一着按时钟键的声音清晰能辨。我左顾右盼,眼巴巴地看着别人将遇良才,棋逢对手,杀得难分难解,而自己擂台前却鲜见对手,按照比赛的规则,我占黑方的先按时钟,接着走一步,埋伏在"华容道"上，静候"敌军"出现，准备横刀立马厮杀一场，过一下棋瘾。没想到过了十五分钟，对手竟是迟迟不来，按照比赛规定，对方判负，我美其曰不战而屈人之兵，第一场比赛就这样不战而胜。随后的比赛进入白热化状态，运动员时胜时负，按照积分的晋升，自己也从座位的后排，渐次坐到了临主席台最近的第一排。第七回合，自己与积分全胜的运动员对弈难免紧张，在全局占势优先，底线空炮压对方将帅，一车牵对方车炮，双马疾驰的时刻，此时自己周围，早已布满了观战者，他们早就知道这是一场恶战，也是一场精彩的对局，人一多，稍不定神，自己长期在江湖上下棋的劣根性就呈现出来，将一个象抓在手上左右窥视，还没落子，立即发现敌情，一个马如不走开就要牺牲了，改变主意为时已晚，裁判判执子走子定要走象，负局也就在所能免了。而"邻国"的纷争更是人烟沸腾，声遏云霄，争执声一起，围观者众，原来走子方将马走日走成了目，立马判负，丝毫不得有误，惋惜声不绝于耳。

在赛场上大家竭尽全力，各逞本领见高低论英雄，一旦棋局结束，又互相交流，打听积分，谈论棋局，胜负都在满怀激情地谋划下一场比赛。不管怎样，借着这个平台，举办方达到了预期的效果，我也在比赛中得到了启发，学到了一定的比赛经验。

（本文刊载于《河源乡情报》2012年6月25日）

劈波斩浪划龙舟
——一位运动员的训练体验

碧绿的新丰江沸腾起来了，从5月下旬开始，宽阔的河面上每天都可以见到印有"线口"字样救生衣迎朝阳、顶烈日、战晚霞的龙舟队训练场面。我是党群线运动员之一，且听我把龙舟活动的有关情况一一道来。

27人"拧成"一条龙

传说划龙舟的起源，是纪念战国时期投河的楚国爱国诗人屈原。目的是从阎王爷手中夺回屈原，在河中与时间展开赛跑，后来演变成每年端午节民间的一种水上体育项目。龙舟因其外观、船头似龙而得名，有舱位25个，船头鼓手位1个，舵手位1个共27人参与。船头上竖放一张简易椅子，固定在船上，旁边放着一只牛皮鼓。船尾的船尾巴是舵，与船头鼓手遥相呼应。

划船技巧多　动作要一致

作为队员在鼓手、划手、舵手三个位置上都是很辛苦的。且不说在仲夏之际头顶烈日，大部分队员几天训练下来就变成了"包黑炭"。拿舵手来说，要微屈身躯，眼睛与鼓手、目标成一直线，在熟悉掌握的基础上，尽量让舵吃水浅一些，以减轻划水队员推动的阻力。

船转弯要缓行，急则船失去重心，更有可能全船翻沉，故而舵手系一船命运于一身。而鼓手关系全船队员的节奏和士气，别看鼓手一上一下挥舞敲鼓很轻松，听鼓声威风凛凛，不熟练的新手一场训练下来，双手磨出水疱。划手是全船的"发动机""驱动器"，运动员大力划水，产生反作用力，推动船前进，划水的频率要与鼓声一致。

各路选手积极备战

从6月6日至20日，每天训练队上午2个小时，下午2个小时。党群线、政法线等线口和县区交替进行。我所在的线队来自机关，体力、耐力较差，牵头单位领导市委副秘书长多次给队员鼓劲加油。领队是另一名市委副秘书长，他与教练定下了体能训练计划，力争在短时间里提高队员的身体素质，适应比赛。

我市首次举办这么大型的水上运动，旨在通过此项活动，做好做活水文章，不断提高我市城市知名度。

（本文刊载于《河源晚报》2002年6月16日）

美丽乡村篇

| 在路上 |
ZAILUSHANG

山间小屋

深山深处，绿叶<u>丛</u>中，有一小屋，静静地矗立在群山拥抱之中。门前两株亭亭如盖的枇杷树、几株桃树，一个并不宽大的禾坪，两条往来小道。小屋的四周，并没有邻舍，显得是那么卓尔不群而富有活力。小屋只有两房，一厅一厨房。小屋相对于五口之家而言显得更小，连天棚上狭小的空间都被利用起来了。多年以前，小屋的背后是两间茅房，用来养家畜及堆积肥料、农具，小屋的前后，母牛时常带着小牛吃草，鸡群在屋前屋后觅食，伴着缕缕炊烟，山村小屋人家气息就展现在眼前。

小屋营建波澜起伏。原居住的房子只有一间，而且备受争议，一会儿有村民说当初是分给他的，一会儿又说是借给我们暂时居住的。在大屋里居住，有时也难免有磕磕碰碰之事，一乡邻竟然在冷冷的北风中，将房门卸走，到了晚上寒风呼呼，我却异常兴奋。一般睡觉都是关上房门的，没有房门怎么睡觉呢？这回真有了体验的机会，月夜下、房门外充满了诱惑，透过房门可以看到看家的狗来回走动，偶尔还发出吠声。很想下床去看看入夜的鸡睡觉是躺着还是站着的，眼睛是睁着还是闭着的？屋舍小，又经不起折腾，有好心人建议，我们家就搬进了全姓人共有的祠堂居住。对小孩子来说，真是巴不得的好事。祠堂是全村最好的房舍之一，有坚实的麻石台阶、青色火砖砌的墙、硕大的屋梁、宽畅的天井，还有好多的房间，连牛都有了专用的牛舍。昨夜还为房而困，一夜醒来就像跨进了小康。我与弟弟们乐在其中，天黑了才恋恋不舍地结束游戏，还商定明天接着玩。这幸福的感觉，只维持了一阵，毕竟是公家的东西，如立凉亭，终非久留之地。父母经过深思熟虑，决定在祠堂的旁边选一块地新建一座房子。就在我们忙得不亦乐乎的时候，同村有些人认为，我们在祠堂旁边建房影响了祠堂的风水，一帮人将搬屋基用的劳动工具统统收走，忙乎了半年的成果就这样白费了。

　　旧的不去新的不来。又过了一段时间，一个更大的建房计划在家里酝酿。在一座废弃的观音庙址上建成了新房。在庙上建屋住，反对者居多，赞成者居少。理由是庙神居住的地方，不适宜住人的。在观音庙的原址上建房经过了全家反复商量，父母说，观音庙的土地是自己的，别人不会干扰，况且大家都知道观音是好"人"，大可不必在意。主意拿定之后，自己做泥砖，墙基用就近的石头砌，人工亲戚帮着做，瓦在村里停产的瓦窑存货里买了一间半，剩下的一间半还缺着，急的就是差几条枕梁。村里砍伐木材禁得特别严，批了几棵树还不够用，在关键时刻，村干部来"视察"，居然同意我们再砍几棵杉木。那时使我真正明白了"全心全意为人民服务"的含义，梦想有一天，也做一件关键时刻可以雪中送"木"的事。

　　冬天来了，春天就近了。春天的雨水特别多，剩下一间半的屋顶没有瓦，因繁就简盖上了茅草，全家人高高兴兴住进新房过年。小屋一半瓦一半茅草，特别显眼，来看新鲜的人来了一批又一批。下雨的时候，雨水滴在小屋上，一曲清雅的音乐奏响了，一会儿在有瓦的一边听听雨，一会儿在茅草的一边听听雨，立于瓦屋下，屋背上似有万千手指在抚弄钢琴；立于茅屋下，似在野外浪漫的山间茅亭避雨。大雨时雨水偶尔会从茅屋上漏下来，用手去接更得其趣。这样奇特的小屋，整个村也找不出第二间来。后来，茅草也换成了瓦，小屋顿时变得光鲜夺目。

　　小屋临大河的侧面有一扇木窗，早上的太阳能透过窗户照进来。每每光线照射进来的时候，也是父母叫起床的时候，我多半要父母叫几次才愿起床。看到煤油灯的油少了，就知道我又熬夜看书了，责备中带着认可。雨天，窗下是读书的好地方。小屋窗下读书，特别能静下心来。《西游记》《说岳全传》《七剑下天山》《飞狐外传》《物种起源》《三国演义》《水浒传》《闪闪红星》等，山里的书有限，能找到、借到的都翻来看得津津有味。到了冬天，白天的时间短，大人们烤火，我也边烤火边看书，确实没书看了，就翻一些非常残旧的发黄书页来看，一篇简短的唐朝文成公主嫁给藏王松赞干布的故事直到现在还记忆犹新。松赞干布在比赛中，一天吃完一头羊获胜娶到了文成公主。故事的真实性难以考究，但这些零碎的故事，实在是让人解馋。书看多了，方信"秀才不出门，能知天下事；山中有日月，小屋尽知年"。

小屋得地利之便。山村里没有煤气，也用不着煤气、煤球，屋后就有丰富的柴草。绵延的山上，有无尽的说得出名说不出名的竹木，家里没柴了，到山上将干燥的树枝打成捆，顺着道往小屋的禾坪上一翻，柴就滚到了禾坪。小屋前一条河是全村的共用水源，河水清澈，从家门口流过，开始的时候是挑水喝，后来就改用胶管把水引进家。河水日夜流淌，要用就用，不用担心水费问题。小屋不仅得柴近水便的两大好处，还得地利之便。山上就有鸟、兽、虫等动物和昆虫，在山上用弯弯的竹弓捕雀，天黑了爬上树烧黄蜂取蛹，从芒草里找芒鼠，猛追从门前经过的黄猄，从山上将野蜜蜂收进蜜笼里驯养……居之其中，每天都有新鲜的想法。小屋带来了以前难以体会到的欢乐，有时候会泛起念头感谢那些当初追着我们建小屋的人来，没有他们的"鼎力相助"，说不定温水煮青蛙，还在原地上踏步。变化最大的，就是我们一天天长大，清脆的童音慢慢变成了"鸭公声"，此时，我也到山村之外求学了。

小屋与外界成了鲜明的对比。到村外求学之后，小屋成了家，成了故乡。山外有山，楼外有楼。对于走出村门到外面见识了市镇的我来说，小屋显得更小了，与外界的高楼大厦形成鲜明的对比。每当放学后都要走路回家，虽然劳其筋骨不在话下，但耗时费劲。一个想法突然浮现出来，修一条水泥路当时既不可能，也不现实，要是整家能迁到市区就好了。有时半夜也会为自己的小算盘做起甜甜的梦，不久，这梦想变成了现实。别了，小屋！挥一挥手，带走小屋有用的东西和曾经产生过无数的快乐与羞涩。

小屋是修还是重建？岁月流淌，回小屋的路已经铺上了水泥。偶闲，忆起小屋来，就想回去看看。小屋前的厨房和屋后的杂舍都不堪风雨，塌下的旧址上长满了杂草，可小屋依旧挺立，两株枇杷树更加挺拔翠绿，守护着小屋。原来的小桃树已经长大，到了春天，桃花盛开，人面桃花相映红。为保护小屋，我请了挖土机将山泥清除，出于谋生，不可能回小屋居住，村里的人多数也迁走了，将小屋重建难免遭遇没人看管，不建吧，小屋将不胜岁月摧残难免坍塌。小屋的存留走到了十字路口，将小屋拆了重建抑或将小屋修缮另作他用？谁能告诉我？

（本文刊载于《河源日报》2010 年 1 月 13 日）

"干部回乡工程"出成效

日前,在外出干部的积极帮助下,村集体收入为零的宁山村,解决了入股市高新区的资金难题。

宁山村位于东源县黄村镇,是我省海拔最高的村之一,其主峰七目嶂海拔1318米,宁山村就在该山的山脚下,人口1800人,多数村民外出经商。由于山高路陡,耕地很少,该村是黄村镇最穷的村之一,村集体经济收入为零。

市委市政府出台筹资入股市高新区以增加村集体收入的政策,消息传到该村后,村委班子既喜又忧。喜的是这样可以一举解决多年来想解决又未解决的村集体收入问题;忧的是村里为村道建设刚向外出干部乡贤筹集了大笔资金。今年6月4日,在黄村镇委镇政府召开部分外出干部帮助该村筹资入股市高新区建设的"干部回乡工程"会议,该村感到难度大、压力重,没有派干部参加。

获悉此情况后,宁山籍的外出干部决定帮助该村解决筹资困难,印发了《倡议书》,分别发给外出的干部群众,争取多渠道筹集资金。他们还专程带上《倡议书》和市委市政府下发的文件,到东莞、广州等地,向外出经商成功人士耐心解释政策,使外出乡贤认识到市委市政府出台的激励型政策对该村的发展是一个千载难逢的机遇,不抓住这个机遇,穷村永远是穷村。在东莞经商的3位热心乡贤深受鼓舞,当即表示会全力支持村里筹资入股市高新区,每人捐资2万元,另外,该村在广州的一位老板闻讯后,主动与该村外出的市直干部联系,捐资2万元,外出干部带头筹集了4万元。

目前,宁山籍的外出干部已筹集10多万元,支持该村入股市高新区,全面完成了筹资入股市高新区任务，今后村委会每年可以从市高新区获得分红收入3万元。

（本文刊载于《河源日报》2006年7月5日）

赴三县圩镇集市的宁山人

雄伟壮丽的七目嶂（又名双丫笔山），巍巍耸立在我省五华、东源、龙川三县交界处。黄村镇宁山村就在七目嶂下，离峰近在咫尺。仲夏的天空云霞飘逸，参天的古树林逶迤莽莽，绿荫下坐着刚从龙川紫市镇赶集回来歇脚的宁山村村民，他们一边拿头上戴的草帽当扇子纳凉，一边叽叽咕咕地交谈市场行情。大家坐在树下，商量着明天赴圩的事情。黄村、长布、紫市镇分别隶属于东源县、五华县、龙川县，都在宁山村附近，大约相距15公里。村民们心里早将以上三个镇当成自己的交易集市，赴三个圩镇赶集风里来、雨里去如过家串门一样轻松。

圩日是为了交换彼此的产品，由民间自发组织的约定俗成的交易日子。一般政府不轻易改变这种风俗，因此得以长盛不衰、源远流长。圩期按农历一、四、七日，二、五、八日和三、六、九日划定。宁山村夹在三个镇的中间，按地域管辖，宁山村民交易到黄村圩为主，紫市圩期是一、四、七日，长布是三、六、九日，黄村是二、五、八日，于是宁山村民得以在一个月内不间断地往返于三个集镇之间，从事交往和贸易活动，形成我省少有的奇观。

根据经验和市场信息，村民能判断出以上三镇需要的产品和价格行情，如长布以竹制品、山果、茶叶、香菇畅销；紫市以木材、木材制品、姜、生粉销量较好；黄村以姜、山果以及禽畜产品较为畅销。村民卖出自己的产品，换回自己所需的盐、油和农药、化肥等所需物品。每次卖出货物的收入不是很多，但基本上能解决一些日常生产、生活所需。

宁山人赶集挑货物的包装工具较为特别，除用绳子、箩筐外，还有一种特制的布袋，这种袋下大上小，轻便耐用，装的货物多，用完了用水洗净，又可以继续使用。这种布袋主要适应山路的狭窄和崎岖不平，挑货物时可以把布袋的口扎紧，万一不小心摔倒，不会造成货物的外漏。

　　三县的人们互相往来、互通有无，已达到水乳交融的程度。这里的人可以把三个地方的方言听得准确无误，而且可以说得惟妙惟肖，有时在聊天的时候，还故意学一两句对方的语言作为娱乐。从通商到通婚，又是一大特色。长期的交往，三县的人谁家长、谁家短都彼此了解。由了解到谈婚论嫁，生儿育女。据不完全统计，上世纪六七十年代龙潭自然村从龙川娶回的媳妇就占据婚配的主流。

　　宁山人勤劳勇敢、艰苦创业。赶集的日子令人愉快，但脚下走着陡峭蜿蜒盘旋的山路，肩上挑着几十斤甚至一百多斤重的货物是相当辛苦的。长期的磨炼，宁山人练就了"钢筋铁骨"，挑着重担走在陡峭狭小的山路上，仍健步如飞，常人徒步也很难跟上。"六月炉边铁匠，寒冬江上渔翁，缘何不知寒暑，只因业在其中"。正是这不怕辛劳、自强不息的精神，撑起了宁山人生生不息的延续。随着村村通两大会战的胜利，从宁山开往黄村镇的公路已可通机动车，很多村民购买了摩托车作为交通工具，到黄村赶集的次数多了些，但还保留了往三县赶集的风俗。

　　　　　　　　　　　　　（本文刊载于《河源乡情报》2003年2月3日）

怀念我的后祖母

有一段时间没有回老家了，趁着假期驱车回到曾经居住过的老屋。岁月的流逝房子虽不至于断壁残垣，但已经透露出旧色。屋前二株枇杷树却正当茂盛，这是小时候后祖母从外地买回枇杷给我吃的时候，我把吃完的枇杷核种在地里长成的。几十年过去了，经历了很多的人和事，后祖母的教诲着实让我经久感动。

后祖母姓张，名桂招，属鼠。长得个子矮小，慈眉善目，常年穿那个时代蓝、灰色的衣服。她是祖母逝世后祖父续娶的妻子，所以称她为后祖母。小说中经常会把后母描写成刁钻、凶狠的那种。我后祖母的形象完全不同，她以矮小柔弱之躯，以她特有的气质，特有的处事方法，赢得儿女们的敬重和全村人的尊重。后祖母是个会过日子的人，比方说，丰年粮食多的时候不浪费，歉年的时候不过于克俭，日子过得平淡而殷实，印象中后祖母从没有与人吵过架。

后祖母的命运是悲惨的，她在旧社会就嫁到龙川县一个小山村里，因为不能生育而遭到抛弃，这在她的心中留下了难以磨灭的伤痕。来到祖父家之后，祖父对她很好，后来祖父的孩子们成了家，陆续有了可爱的孙子，她就把所有的时间和精力放在了家里。后祖母一生没有生儿女，也就把我们当作亲生的孙子女看待，对我们宠爱有加。

小时候我很爱哭，不管什么时候，不管哭得有多伤心，只要一见到后祖母我就笑逐颜开。后祖母去山上、地里干活常常带着我，我一有委屈也就去找她。有一次家里的牛丢了，后祖母忙着到处去找，根本没有时间来照顾我，而我又缠着她不放，她就想了一个办法，背着我去山上找牛。我所在的村落在全省海拔最高的山脚下，不但山高，而且山陡、树密、草深，荆棘丛生。后祖母生怕我被荆棘划伤，就用围裙把我连头包住，一边走一边叫我的小名，翻山越岭，直到找遍了几座山，才把牛找到牵回家里。

后祖母一直对我关怀备至，无论她去哪里，都会想方设法给我带好吃的、好玩的。记得她曾教我用山上的一种树叶吹口哨，树叶简单的吹动空谷回音，悦耳动听。后祖母总是很关爱我，如果天黑了还没见我回来，她就会打着火把满村子找。父母与后祖母很早分家居住，可我根本就不把这当回事。后祖母家里有好吃的，我就拿来吃，特别是父母劳动到很晚才回家时，我干脆就在后祖母家吃饭。那时的粮食非常紧张，连杂粮也没有很多的剩余，我吃后祖母家的粮食，邻居家的叔伯都向父母提意见。后祖母反而为我说话，说宁愿自己饿着也不该让小孩子挨饿。为了不让我再受挨骂批评，后来，她干脆把好吃的东西偷偷地藏着让我吃。

后祖母常教诲我说，读书能改变命运，像她这样没有文化不好，偶尔有个来信或记个什么东西都要请人帮忙。如果想做点"大"事，就要读书。小时候很调皮，读书马虎应付，听了后祖母的话，我才开始认真读书，变得热爱学习了，从此学习成绩一直名列前茅，后祖母经常在别人面前夸我，让我非常高兴。

光阴似箭，日月如梭。不知不觉间后祖母老了。屈指算算，还剩下半年就要毕业走向社会了，觉得自己渐渐长大了，青年人很容易有壮志凌云的想法，觉得自己毕业之后，肯定可以在城里找到工作，然后买房，接着接后祖母到城里生活。天有不测风云，人有旦夕祸福。就在我快要毕业时，后祖母逝世了。家里的人为了不让我分心，后祖母去世了也没有告诉我，直到暑假回家时我才知道后祖母永远地离开了。

后祖母逝世经年，但我还是时常会想起她的一些往事，特别是对我的教诲。后祖母一直是我前进的动力，她教诲我做人要诚实善良、热爱学习的每一件小事，都能让我经久感动。

（本文刊载于《河源日报》2007年3月17日）

龙 潭

北京有个龙潭，源城区有个龙潭，东源县有个龙潭，其他地方可能也有龙潭，这里说的龙潭是东源县黄村镇宁山村的龙潭。一听到龙潭，很多人会想到与虎穴相关联的"龙潭虎穴"，喻为龙潜居的深水，老虎藏身的巢穴，想象空间丰富。龙潭特有的地理环境，乡味浓郁的山村风格，别有一番风味。

龙潭山水。七目嶂是境内最高的山之一，海拔1318米，龙潭村就在该山脚下，说得确切一点就是七目嶂就在龙潭村里头。龙潭是战略要地，兵家必争之地。龙潭处在白云嶂小村、七娘磜小村和龙川县船肚小村、南客寮小村游击区及五华3县直径最近的交通要道上，易守难攻，可进可退，受到了有远见卓识的东江特委的重视，东江纵队以七目嶂为中心，与敌人展开了周旋。据村民回忆，1946年前后，东江特委为了扩大游击根据地、隐藏自己，发展自己有生力量，选择背靠七目嶂、四周群山环抱、周围群众可靠的龙潭培训青年骨干、党的助手。在龙潭的泉水湖，用苗竹、杉树皮代墙代瓦搭成200平方米左右临时自制兵工厂，修造枪支，自制手榴弹、地雷、大刀，还办《星火报》。龙潭三崆是龙潭一绝，河水从高山上流下来之后，在落差较大的地方，形成了瀑布，瀑布的底下，是水流冲击形成的崆，一个崆比一个崆深。听常居在此处的老人说，崆底到底有多深，至今没有人晓得，可能与海底相连吧。山高林密，山里的"宝贝"也多：山萝卜、野薯、野人参、野荔枝、野灵芝、野柿子、野山茶、各色野兽……龙潭如盛放各种山珍的聚宝盆，里面应有尽有。现在的龙潭青山静谧、百花齐放、流水潺潺、鸟雀鸣叫，似一幅活脱脱的锦绣山河图。

龙潭梨花。龙潭因梨花漂亮而远近闻名，龙潭梨花用阳春白雪来形容一点也不为过。在山上，在河边，在平地，在田边，在原野，白得就像下了一场雪，整个村的河山像用白花花的银子打造。在这里你会体会到"忽如一夜春风来，千树万树梨花开"的意境。白里透红，那是有的，绯红的桃花此时也开得正盛，衬托得梨花更加娇艳。"娇如梨花带雨，艳若桃花飘红"，这两样景致，村子里可随处体验。在都市里待久了，喧嚣的人群、浑浊的空气、商业的气息，已搅得人无法清静。到龙潭走一趟，别有一番情趣，还能体会到伟人毛泽东回韶山滴水洞的心情。非是世间小，龙潭的梨花可以激起人们对事物的重新思考与定位，梨花开得灿烂，开得圣洁，开得让人如至童话世界。最近，市电视台到龙潭拍外景，他们说这里的梨花与众不同。龙潭梨花有顶针句式四绝为证：踏遍青山赏梨花，梨花最好是龙潭。龙潭自然熏陶人，人至腾达会有期。

  龙潭人。通过迁徙，龙潭现在剩下不足 50 人。龙潭鼎盛的时候有千人，人均只有 3 分水田。村民全靠从山上砍竹木、种杂粮补贴家用。改革开放初期，龙潭人就移居到江西省租田耕种，到广东韶关市做樟油（用樟树为原料蒸出的油）。看到外出的龙潭人把白花花的钞票往家里寄，龙潭人出山的愿望也越来越强烈了。改革开放号角一吹，龙潭久困的"龙"，一下子冲了出来。他们有的是力气，有的是不怕苦、不怕累的精神。这些龙潭人，迁徙到河源市区、惠州市、深圳市、东莞市、中山市、广州市、珠海市……像一把珍珠，撒落在众多比龙潭更为发达的城市。他们当中有一部分成为"中国百货第一镇黄村镇"的百货人，他们的事业遍布珠三角。在中山市的龙潭人述说，他们当初刚到的时候，很多本地人看不起"外来工"，最重的活、最苦的活是他们干。他们租种的一块田，插秧要用绳子拉起来才能种直，整个龙潭的田加起来，没有他们种的一块田面积多；当年要缴交公粮的时候，不像龙潭用肩挑去交的，而是用拖拉机一车车运过去交公粮的。当年迁徙到中山市南朗镇的龙潭人，在镇上不同的街道建起了有天有地的洋房，每户人还有一辆小汽车。龙潭人具有出山入海的气魄和担当，不出来则罢，一出来就与孙中山的乡亲（孙中山故居在中山市南朗镇）做邻居，足迹遍布富庶地区。

（本文刊载于《河源日报》2011 年 7 月 8 日）

编后记

我们收到书稿后,认真地看了书中的内容,里面有许多可圈可点之处,读后感觉清新扑面,经久回味,颇受启发。

这是一本正能量的书。本书匠心独运,有针砭时弊的弘扬正气的评论,这些评论较短,其中一篇不到300字,却能独立成篇,着实让人惊叹,浓缩的都是精华,比如《家风建设事关重大》,里面有"衙门里面好修行""妻贤夫祸少""忠孝传家久,诗书继世长""妇女奢淫者败,子弟骄怠者败,兄弟不和者败,侮师慢客者败。广积聚者,遗子孙以祸害。儿孙自有儿孙福,莫为儿孙作马牛。刻薄成家、骄奢淫逸,就是败家相。传家两字曰读曰耕,兴家两字曰俭曰勤。居官以不要钱为本,行军以不扰民为本。一屋不扫、何以扫天下"等,文章虽短,但蕴含的知识量很大,读来回味无穷。《诉讼不是化解矛盾纠纷的唯一办法》,对和谐社会建设具有重要的参考价值。

这是一本有深度的书。作者长期从事政策理论研究和文稿起草工作,里面许多的调研报告,行文简洁,叙事明白,切中要害,提出的政策建议非常接地气,可操作性比较强,让人一看就懂,一看就知道当前的经济社会热点、难点、重点问题应如何应对,例如《关于我市省属两大水库移民问题的调研报告》,相信为解决广东省属新丰江、枫树坝两大水库移民问题起到一定的影响和作用。广东省人大制度研究会在全国率先实行,本书有多篇关于人大制度的论文,这些论文能够在众多征文中脱颖而出,连续多年入选广东省人大制度研究会,殊为难得,为了解研究人大制度方面提供了阅读参考。

这是一本可读性很强的书。书中收集了《人间好时节》《假如明天下雨》

《忆"楚汉争霸"》《劈波斩浪划龙舟》《重点在哪里,时间就在哪里》等一系列的文章,这些文章,或能给你在紧张的生活中增添一抹阅读的愉悦,也必将与自己的生活进行比较和检视,到底什么才是人生的好时节?假如明天下雨,说了些什么?你的明天会下雨么?下雨了怎么办?这个话题让人经久沉思。"楚汉"争霸运动员的心理活动怎样?南人划舟,北人滑雪,看了《劈波斩浪划龙舟》,当你站在岸边观看龙舟比赛时,便不再是外行看热闹,而是内行看门道了。时间问题,古今中外论述颇多,但本书对时间的定义,入木三分,出人意料又给人前所未有的启迪。

这是一本乡味浓郁的书。习近平总书记说,要让居民望得见山、看得见水、记得住乡愁。亲不亲家乡人,美不美家乡水,每个人都有自己的家乡,每个人都有家乡的印记,《赴三县圩镇集市的宁山人》《山间小屋》《龙潭》《怀念我的后祖母》,活灵活显了家乡情怀,美丽乡村情感细腻,扣人心弦,通过阅读会对自己的家乡产生联想,产生共鸣。

这是一本昂然向上、砥砺前行的书。"是金子,迟早会发出亮光,起点低并不等于终点低",书中自然而然地渗透出一股奋勇前进、向上向善、激荡心灵、生机勃发的韵律。相关文章在党报刊物杂志刊载过或在正式场合发表过,经过众多编辑的审核和读者的阅读,经过时间的积淀,历久弥新,穿透性很强,看到这样正能量的书,我们非常乐意为之作跋。

新华出版社编辑部
2018 年 8 月 30 日